高职高专教育“十二五”规划建设教材

基础会计

（会计及管理专业用）

韦云凤　徐艳　主编

中国农业大学出版社
·北京·

内容提要

本书按照高职高专教育目标，针对高职高专学生的学习特点，采用最新的企业会计准则和企业会计制度，基于会计工作过程，按行动导向教学理念编写而成。全书分九章，系统阐述了企业会计的基本理论、基本知识、基本核算方法以及基本技能。内容包括：总论、复式记账、借贷记账法的应用、会计凭证、会计账簿、账务处理程序、财产清查、财务会计报告、会计档案管理。本书适用于高职高专基础会计课程教学、会计岗位培训及各类会计人员自学。

图书在版编目(CIP)数据

基础会计/韦云风，徐艳主编. —北京：中国农业大学出版社，2011.6(2016.8 重印)

ISBN 978-7-5655-0290-3

Ⅰ.①基 Ⅱ.①韦…②徐… Ⅲ.①会计学-高等学校-教材 Ⅳ.①F230

中国版本图书馆 CIP 数据核字(2011)第 089413 号

书　　名　基础会计

作　　者　韦云风　徐艳　主编

策划编辑　董　田　伍　斌　　**责任编辑**　李丽君

封面设计　郑　川　　**责任校对**　王晓凤　陈　莹

出版发行　中国农业大学出版社

社　　址　北京市海淀区圆明园西路 2 号　　**邮政编码**　100193

电　　话　发行部 010-62818525，8625　　读者服务部 010-62732336

编辑部 010-62732617，2618　　出　版　部 010-62733440

网　　址　http://www.cau.edu.cn/caup　　**e-mail** cbsszs @ cau.edu.cn

经　　销　新华书店

印　　刷　涿州市星河印刷有限公司

版　　次　2011 年 6 月第 1 版　　2016 年 8 月第 2 次印刷

规　　格　787×980　16 开本　13.75 印张　250 千字

定　　价　21.00 元

编写人员

主　编　韦云凤（广西农业职业技术学院）
　　　　徐　艳（辽宁农业职业技术学院）

副主编　张　怡（黑龙江农业职业技术学院）
　　　　陆红霞（新疆农业职业技术学院）
　　　　陈小英（福建农业职业技术学院）

参　编　王翊覃（湖南环境生物职业技术学院）
　　　　刘莹莹（信阳农业高等专科学校）

前　言

“基础会计”既是会计专业的核心基础课程，又是经济管理类专业的基础课程，也是获取会计从业资格证的必考科目，是初级会计岗位职业能力的形成课程。通过本课程的学习，学生能够掌握会计的基本理论、基本方法和基本技能，具备会计核算的基本操作能力。

“基础会计”作为会计职业能力培养的入门课程，课程目标和内容设计能否激发学生的学习兴趣，能否为学生的后续专业课程学习打下坚实基础，其教材的作用至关重要。

本教材针对高职高专的特点，在内容与结构体系上突破传统的会计专业教材框架体系，突出职业教育特色，与培养德、智、体全面发展，具有一定实践能力与管理能力的会计技术应用型人才的目标衔接，充分体现高职教育理念，既保证学生具有够用的理论基础知识，又突出实践动手能力的培养。本书主要具备以下三大特色：

一、基于工作过程设计教学内容

本教材在深入企业进行调查分析、了解企业实际工作流程的基础上，重新设计了课程教学内容。教材结构设计打破了传统理论教学，围绕职业能力培养，重构课程知识，确定教学内容，建立了基于会计工作过程、理论知识与实践技能相结合的教材结构。教材根据岗位工作内容设计了教学内容。针对会计工作过程中的某一具体方面或环节，每个教学内容都有具体特定的知识、技能与态度培养目标。

为便于教师开展教学，教材在每章的开篇提出本章的知识目标、技能目标，利于教师讲述知识，帮助学生理顺学习知识的思路；以实际案例导入所要讲述的主要内容，增加学生的感性认识，使学生带着问题展开学习，激发学习兴趣；每章最后设置的复习思考题是知识目标的具体应用，帮助学生复习每章的知识，锻炼学生独立思考问题、解决问题的能力，加深对知识的理解。

二、构建行动导向教学模式

教材在开发设计过程中，以“行动导向”作为指导教材开发的基本原则。配套编写了《基础会计技能训练》，对理论知识和实践技能进行整合，确立模拟会计岗位工作任务情境化的教学内容，使教学过程不是简单地传授会计知识而是教会学生完成工作任务所需要的实实在在的技能。配套教材设置了与各章节相对应的行动任务，行动任务前后衔接。教师指导学生完成相应会计工作任务完成“教”的过程；学生完成工作任务，在“做”的过程中完成“学”的过程，当学生完成所有的行动任务，也就具备了从事会计岗位所需要的职业能力。

三、教材内容与职业资格考试接轨

教材与会计行业的市场发展、岗位实际要求、职业资格标准接轨，教材内容与会计从业资格考试的内容相衔接。学生学习后，可参加会计从业资格考试，获得“会计证”，为创业创造条件，真正实现将基础知识、应用技术能力和职业素质的培养转化为学生实践能力、就业能力、创业能力、创新能力。

本书由韦云凤和徐艳担任主编，张怡、陆红霞、陈小英担任副主编。本书共分九章，其中：韦云凤编写第一章和第五章、王翊覃编写第二章、陆红霞编写第三章、陈小英编写第四章、张怡编写第六章和第九章、刘莹莹编写第七章、徐艳编写第八章。全书最后由韦云凤进行修改和总纂。

因考虑不周或水平有限，本书在体系安排和表述上的不足之处在所难免，恳请读者批评指正。

编　者

2011 年 3 月

目　录

第一章　总　论

◆知识目标

1. 了解会计的产生与发展历程。

2. 描述会计的概念、特点以及职能。

3. 明确会计的对象、核算的基础和前提。

4. 明确会计工作应遵守的会计法律法规。

◆技能目标

1. 根据会计对象的性质,确定各类企事业单位会计核算的基础。

2. 运用会计准则,确定各类企业的经济业务核算范围、记账本位币、会计分期。

案例导入

小莫与小李合伙在建材市场开了一间店铺,名为“居木堂”,专门经销各种木地板,经销的产品种类有30多种,每天进货、销货、退货等业务非常频繁。为了加强管理,两人特地准备了笔记本记录每天的收支情况,一年下来,密密麻麻地记了两大本笔记,但看着笔记本,两人竟弄不清楚经营了一年的“居木堂”是否盈利?有多少销货款未收回?还有多少购货款未清偿?两人甚至猜疑对方,是否收款不记录?是否把不属于“居木堂”的开支由店铺来承担?两人争论不休,决定散伙,但由于无法分清各自的资产及债务,最后只能上诉至法院。

[思考题]

1.“居木堂”在管理上存在什么问题?

2. 小莫与小李目前最需要的是什么?

第一节 会计概述

一、会计的产生与发展

会计的历史可追溯至原始社会。在原始社会中，人类从事狩猎、采集、种养等生产活动，由于生产力落后，生产过程简单，人们只是通过简单的方式对生产过程进行记录。原始社会末期，出现了的结绳记事、刻木记数等极为简单的原始记录，这就是会计的雏形。

随着社会生产的发展和管理的需要，会计也不断地发展和完善。西周时期，我国进入奴隶社会，生产力比原始社会有了更大的发展，生产规模逐步扩大，生产过程更加复杂，财产物资日益增多，要求对生产过程记录得更详细、更完整。这时，西周王朝设置了“司会”一职，其职责是日常的零星核算，岁终的总合核算，通过日积月累的核算，正确考核王朝财政经济收支。自此，会计逐渐从生产职能中分离出来，成为一种独立的职能。

秦始皇统一中国之后，币制的统一，使货币量度在会计核算中的运用迈出了关键的一步，出现了“三柱结算法”，结算的基本公式为“入－出＝余”。唐宋朝时期，我国的会计得到了全面的发展，创建和运用了“四柱结算法”。所谓四柱，就是在会计账簿及报表中并列“旧管”、“新收”、“开除”、“实在”四柱，四柱之间的结算关系可用会计方程式表示为“旧管＋新收＝开除＋实在”。在四柱中，每一柱都反映着经济活动的一个方面，各柱相互衔接形成的平衡公式，既可检查日常记账的正确性，又可系统、全面和综合地反映经济活动的全貌。到了明末清初，出现了“龙门账”的会计核算方法。它把全部经济业务划分为“进”、“缴”、“存”、“该”四大类。所谓“进”指全部收入，“缴”指全部支出，“存”指全部资产，“该”指全部负债。四者之间的关系可用会计方程式表示为“进－缴＝存－该”。每届年终结账时，一方面可以根据有关“进”与“缴”两类账目的记录编制“进缴表”，计算差额，决定盈亏；另一方面还应根据有关“存”与“该”两类账目的记录编制“存该表”，计算差额，决定盈亏。两方面计算的盈亏数额应该相等。这种双轨计算盈亏并核对账目的方法人们叫它“合龙门”，“龙门账”因此而得名。

在西方发达国家，会计也经历了不断的变革。12～13 世纪意大利的热那亚、威尼斯等城市的银行账簿记录就采用了借贷复式记账法记账，称为“威尼斯簿记法”。1494 年，意大利数学家卢卡·帕乔利(Luca Pacioli)著《算术·几何·比与比例概要》一书，比较系统地介绍了“借贷复式记账法”，被公认是复式簿记最早形成文字的记载，标志着近代会计核算方法体系形成。随后，借贷复式记账法便相继传至世界各国。清朝末年(1905 年)蔡锡勇、蔡璋父子编写的第一部介绍西式簿记专著《连环账谱》在湖北出版，借贷记账法开始传入中国。

中华人民共和国成立后，我国曾一度是工业企业使用借贷记账法，商品流通企业使用增减记账法，行政事业单位使用收付记账法。经过 1993 年会计改革和 2006 年会计准则的修订和实施，记账方法都统一用借贷记账法。使我国的会计工作既能满足管理上的需要，又能适应改革开放的深入和发展。

二、会计的概念

会计是经济管理的重要组成部分，是以货币为主要计量单位，运用专门的方法，对企业、事业、行政等单位的资金运动进行全面、综合、连续、系统的核算与监督，并向有关方面提供会计信息的一种管理活动。

会计与其他经济管理工作相比较有着显著不同的特性。其特点归纳起来主要表现在以下两个方面：

1. 以货币作为主要计量单位

在会计核算过程中，可运用如千克、平方米、件、台、工时等多种计量单位进行度量，但这些计量单位都不便于汇总，如 1 000 米^2 厂房与 2 台烤箱无法相加，10 000 个面包与 1 000 千克面粉无法汇总，只能从一个侧面反映核算单位的经营状况，无法进行汇总综合反映核算单位的经济活动。为了便于全面地反映一个单位经济活动的全貌，就需要采用货币这样一个统一的尺度来进行核算，经济活动最终都体现为货币量，采用货币为主要计量单位进行会计核算。

2. 全面、综合、连续、系统地反映经济活动

全面是指把核算单位所有的经济业务全部记录下来；综合就是通过使用货币计量把大量的、分散的数据集中反映出来；连续就是指按照经济业务发生的时间先后顺序不间断地进行记录和计算；系统就是指采用科学的方法对经济业务进行分类、汇总和加工整理。会计通过全面、综合、连续、系统地反映企业、事业、行政等单位的经济活动情况，为经济管理提供真实可靠的会计信息。

三、会计的职能

会计的职能是会计在经济管理过程中所具有的功能。其基本职能包括核算职能和监督职能。

会计核算职能是指会计通过运用货币作为主要的计量单位，对经济活动进行

确认、记录、计量，将资料系统化和汇总，形成一套系统、完整的会计信息资料，用以及时地反映经济活动的过程和成果的功能。主要是对经济活动进行事后记账、算账和报账，即对特定对象的经济活动采用一定的记账方法，在账簿中进行登记；在记账基础上，对企业单位一定时期的收入、费用（成本）、利润和一定日期的资产、负债、所有者权益进行计算；在算账基础上，对企业单位的财务状况、经营成果和现金流量情况，以会计报表的形式向有关方面报告，反映经济活动的状况。

会计监督职能是指会计人员在反映经济业务的同时，对经济业务的合法性、合理性进行审查，从而对各单位的经济活动进行有效的控制和调节，以达到预期目标的功能。

合法性审查是指检查各项经济业务是否符合国家的有关法律法规，遵守财经纪律，执行国家的各项方针政策，杜绝违法乱纪行为；合理性审查是指检查各项财务收支是否符合财务收支计划，是否有利于目标的实现，是否有奢侈浪费行为，是否有违背内部控制制度要求等现象。合法性审查能够保证各项经济业务符合国家相关法规和财经纪律的要求，防止错弊的发生，杜绝违法乱纪行为。合理性审查能够使各项财务收支符合单位计划、预算和经营目标的要求，以便增收节支，杜绝不经济和奢侈浪费行为。

会计的核算和监督两项基本职能是相辅相成、密切联系的。会计核算是实行会计监督的前提和基础，只有会计核算提供完整的资料，会计监督才有客观的判断依据。而会计监督则是会计核算质量的保障，只有加强会计监督，才能使会计核算符合会计法规、准则和制度的要求，才能保证会计核算所提供的信息真实、合法和完整。

随着经济的发展和社会的进步，会计的职能的内涵也在不断地丰富。会计职能在基本职能的基础上，发展为包括预测、决策、分析评价等新的职能，即根据已有的会计资料，对经济活动及其发展趋势进行预先估计、判断和推测，预定目标；按照一定的目标从若干方案中选择最优方案的过程；以会计核算资料为基础，结合其他有关资料运用专门的方法，对经济活动过程和财务成果进行分析，以发现问题、总结经验，改进经济管理工作。

第二节　会计的对象

会计的对象是社会再生产过程中的资金运动。企业与行政、事业单位的经济活动不同，资金运动各有特点，其会计对象的具体内容也有所不同。

一、工业企业的资金运动

工业企业是从事工业产品生产和销售的营利性经济组织。其资金运动过程为资金的投入、资金的运用和资金的退出。

资金投入包括企业所有者投入的资金和债权人投入的资金两部分，前者属于企业所有者权益，后者属于企业债权人权益——企业负债。

资金运用就是资金循环与周转，资金的循环和周转分为供应、生产、销售三个阶段。在供应过程中，企业除了要购建厂房、机器设备等劳动手段外，还要购买原材料等劳动对象，发生材料买价、运输费、装卸费等材料采购成本。在生产过程中，劳动者借助于劳动手段将劳动对象加工成产品，发生材料费、固定资产折旧费、人工费等。在销售过程中，企业将生产的产品销售出去，发生有关支付销售费用、收取货款、交纳税金等业务活动。企业获得的销售收入扣除各项费用成本后形成企业的利润。

资金退出包括偿还各项债务、上交各项税金、向所有者分配利润等，使得这部分资金离开本企业，退出本企业的资金循环与周转。

上述资金运动的三个环节，是相互支撑、相互制约的统一体。没有资金的投入，就不会有资金的循环与周转；没有资金的循环与周转，就不会有债务的偿还、税金的上交和利润的分配等资金退出；没有资金的退出，就不会有新一轮的资金投入，就不会有企业的进一步发展。工业企业的会计对象（资金运动）如图 1-1 所示。

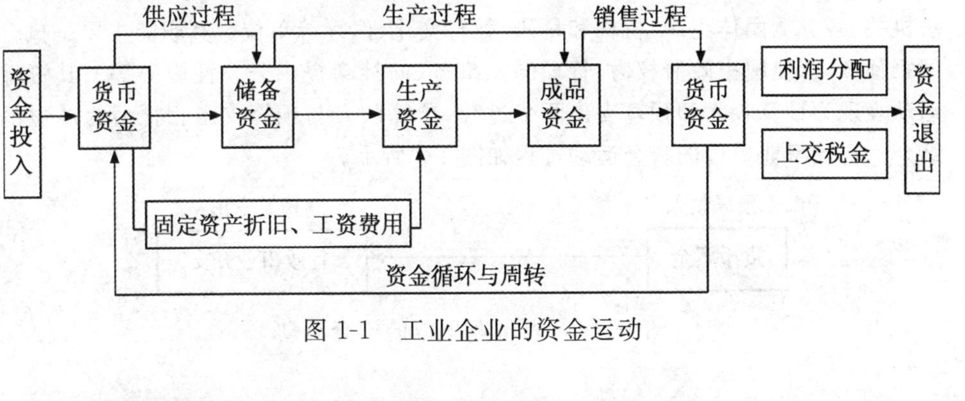

图 1-1 工业企业的资金运动

二、商品流通企业的资金运动

商品流通企业的资金运动同样包括资金投入、资金循环与周转、资金退出三个环节，但其资金循环与周转则和工业企业有所不同，资金只在商品流通领域中进行循环与周转,不经过生产领域。因此,商品流通企业的资金循环与周转一般只有商品购进和商品销售两个过程,不存在生产过程。在商品购进过程,企业用货币去购买商品的同时,必须发生一定的采购费用,支付职工工资,固定资产发生损耗费用等事项。在商品销售过程中,企业将购进的商品在销售给消费者的同时,也必须向消费者收回货款、支付销售过程中发生的费用、按规定向国家交纳税款等。企业获得的销售收入扣除相关的各项费用后获得利润,按规定交纳所得税后,企业再计提盈余公积金,最后向投资者分配利润。商品流通企业的资金运动过程如图 1-2 所示。

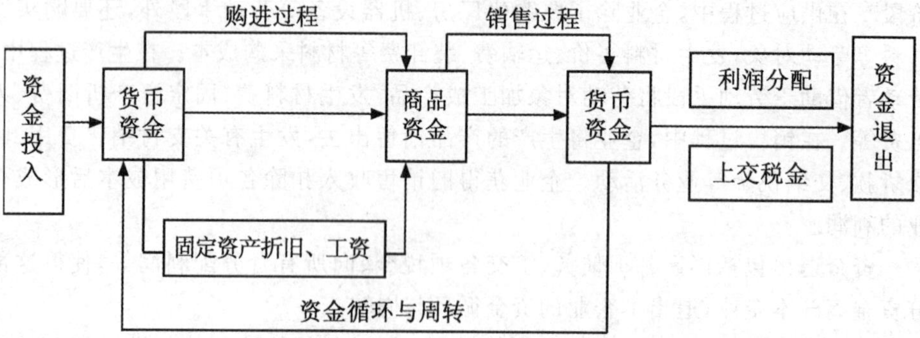

图 1-2 商品流通企业的资金运动

三、行政事业单位的资金运动

行政事业单位是一种预算管理性质的组织,包括国家行政机关、权力机关、司法机关、各党派团体组织、机构和科研、教育文化、医疗等单位。其职能主要是执行国家预算、行使国家政府权力、管理国家事务、向社会提供公益性服务等。其资金运动表现为预算收入和预算支出两个过程,预算收入与预算支出相抵后为单位的结余。行政事业单位的资金运动过程如图 1-3 所示。

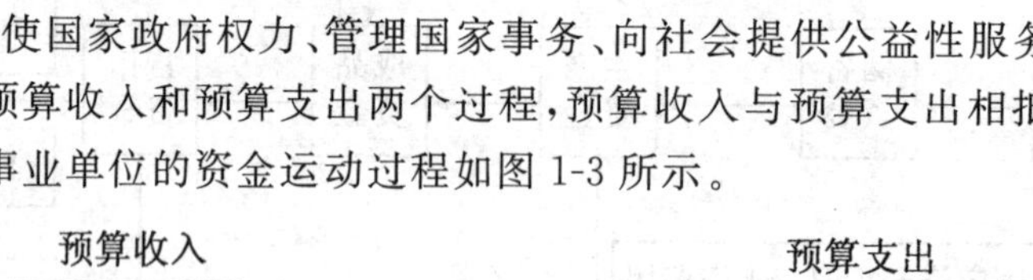

图 1-3 行政事业单位的资金运动

第三节　会计方法

一、会计方法体系

会计方法是指实现会计核算与监督职能的手段。会计方法由会计核算方法、会计分析方法、会计检查方法等构成。三种方法相互独立，又相互配合，形成一个科学的方法体系。

二、会计核算方法

会计核算方法是会计方法体系中最基本的方法，主要包括设置会计科目和账户、复式记账、填制和审核会计凭证、设置和登记账簿、成本计算、财产清查、编制会计报表等。

1. 设置会计科目和账户

设置会计科目和账户是对会计对象的具体内容进行归类、核算、监督的一种专门方法。会计科目是对会计对象的具体内容进行分类核算的类目；账户是根据会计科目开设的具有一定格式的记录经济业务的工具。

会计对象中的具体内容复杂多样，要连续、系统、完整地反映复杂的经济业务，就必须对会计对象的内容进行科学的分类，进而提供可靠的会计信息，以满足经营管理的需要。

2. 复式记账

复式记账是对发生的每一项经济业务都在两个或两个以上相互联系的账户中用相等的金额进行登记的一种记账方法。

在资金运动过程中，任何一项经济业务都会引起资金的两种变化。如用现金 1 000 元购买原材料，一方面引起现金减少 1 000 元，另一方面引起原材料增加 1 000 元。为了真实地反映经济业务所引起的资金的双重变化，必须要在两个或两个以上相互联系的账户同时进行记录。采用复式记账法，不仅可以全面地反映资金运动的来龙去脉，而且可以通过账户之间的对应关系，检查会计记录的正确性，对经济活动进行监督。

3. 填制和审核会计凭证

会计凭证是记录经济业务，明确经济责任，作为记账依据的书面证明。填制和审核会计凭证是可以保证会计记录完整、真实和可靠的一种专门方法。

经济业务发生后，首先要通过会计凭证加以初步记录，再由会计部门和有关职能部门审核，经审核认定后，才能作为记账的依据。所以，填制和审核凭证是会计信息生成的第一步。

4. 设置和登记账簿

设置和登记账簿是根据会计凭证，在账簿上记录交易或事项的一种专门方法。会计账簿是由具有专门格式的账页组成的，以会计凭证为登记依据，全面、连续、系统地记录各种经济业务的簿册。各种账簿记录是编制会计报表的依据。企业、行政事业单位都必须设置若干账册，对发生的经济业务进行登记。

5. 成本计算

成本计算是对生产经营过程中发生的耗费，按照成本计算对象进行归集，从而计算出各种产品、商品总成本和单位成本所使用的专门方法。在企业中，外购材料、完工产品和经销商品都应单独进行产品成本计算。通过成本计算，可促使企业加强核算、节约开支、提高经济效益。

6. 财产清查

财产清查是通过对各项财产进行实地盘点和核对，查明财产物资、货币资金和往来款项的实有数额，以确定其账面结存数额和实际结存数额是否相符的一种会计核算的专门方法。通过财产清查可以核实会计记录的真实性和正确性，发现财产物资管理中存在的问题，保证财产物资的合理使用和安全完整，同时挖掘潜力、加速资金，提高经济效益。

7. 编制会计报表

编制会计报表是总括地和系统地提供财务状况、经营成果和现金流量等会计信息所使用的专门方法。在日常会计核算中，有关会计数据是分散在各个会计账簿中的，为了全面集中地反映各单位的经济活动，会计部门应当定期将账簿中分散的资料进行整理汇总，全面概括地反映一定时期内的经济活动情况，以满足信息使用者的需要。

以上会计核算方法构成了一个完整的方法体系，在会计核算工作中相互联系、配合运用。当经济业务发生时，首先必须取得或填制合法、合理的原始凭证，运用复式记账原理进行分类并编制记账凭证；为了连续、全面和系统地反映企业或单位的经济活动，根据审核无误的记账凭证登记账簿；根据账簿中归集的费用进行成本核算；在定期或不定期进行财产物资清查的基础上，核对账簿记录的真实性；对账簿记录再进行分类和汇总，编制成各种会计报表。会计核算的工作程序如图 1-4 所示。

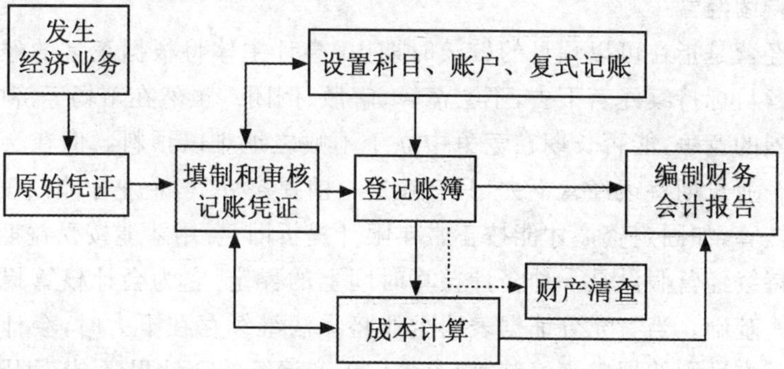

图 1-4　会计核算工作程序图

第四节　会计核算的基本前提和基础

一、会计核算的基本前提

会计核算的基本前提也称会计假设。它是对会计核算的空间范围、时间界限、计量尺度进行合理判断，是会计核算的前提条件。具体包括会计主体、持续经营、会计分期和货币计量四个基本前提。

(一)会计主体

会计主体是指进行会计核算的特定单位或组织。会计主体可以是一个企业、一个公司、一个政府部门、一个事业单位、一个社会团体，也可以是若干企业组成的集团公司、企业内部划出的核算单位。一般情况下，具有法人资格的单位通常都是会计主体，但会计主体不一定都要求具有法人资格。例如，由自然人所创办的独资与合伙企业不具有法人资格，这类企业的财产和债务在法律上被视为业主或合伙人的财产和债务，但在会计核算上必须将其作为会计主体，以便将企业的经济活动与其所有者个人的经济活动以及其他实体的经济活动区别开来。企业集团由若干具有法人资格的企业组成，各个企业是独立的会计主体，但为了反映整个集团的财务状况、经营成果及现金流量情况，还应编制该集团的合并报表。而这里的企业集团是会计主体，但通常不是一个独立的法人。

以会计主体作为会计的基本前提条件，对会计核算范围从空间上进行了有效的界定，有利于正确反映一个经济实体所拥有的财产及承担的债务，计算其经营收益或可能遭受的损失，提供准确的财务信息。

(二)持续经营

持续经营是指在可以预见的较长时期内,会计主体将根据正常的经营方针和既定的经营目标持续经营下去,不会清算、解散、倒闭。虽然在市场经济中,企业面临日益激烈的竞争,能否长期在竞争中立于不败之地难以预料。但在会计核算中必须假定企业长期持续经营下去,只有在这一前提条件下,企业才能按正常的会计方法进行核算,如固定资产才能按正常年限计提折旧、费用才能按受益期间合理分配。因此持续经营假设是一种会计核算时间上的界定,它为会计核算提供了一个正常的核算基础。当有充分证据表明企业将无法继续存在下去时,会计报表将不能按会计基本准则的规定来编制,而应采用破产清算的会计程序,将用历史成本计价的资产改用清算价格重新计价。

(三)会计分期

会计分期是指将一个企业持续不断的生产经营活动划分为若干个连续的、长短相等的期间进行会计核算。我国会计期间一般可划分为年度、半年度、季度、月度。年度、半年度、季度和月度均按公历起讫日期确定。

会计分期是在持续经营基本假设的基础上,对会计核算时间范围的具体划分,以便分期结算账目和编制财务会计报告,按期反映会计主体的财务状况。在会计分期的前提下,才产生了当期与以前期间、以后期间的差别,会计主体有了记账的基准,才能通过应收、预收、应付、预付、折旧、摊销等方法对跨期出现的收入、费用支出进行会计处理。

(四)货币计量

货币计量是指会计主体在会计核算过程中以货币作为主要的计量单位,记录和报告会计主体的生产经营活动。货币计量假设有两层含义:一是在所有的计量单位中,假设以货币单位对企业的经营活动及其结果加以计量最优;二是货币本身的价值是不变或基本稳定的。

我国《企业会计制度》明确规定,企业的会计核算以人民币为记账本位币。业务收支以人民币以外的货币为主的企业,可以选定其中一种货币作为记账本位币,但是编报的财务会计报告应当折算为人民币。在境外设立的中国企业向国内报送的财务会计报告,应当折算为人民币。

二、会计核算的基础

会计核算的基础是指确定各项收入和费用支出所属会计期间的标准。会计核算基础包括权责发生制和收付实现制。

(一)权责发生制

权责发生制又称应计制,它是以收入和费用是否发生而不是以款项是否收付为标准,确认、计量、记录和报告收入和费用。即凡是当期已经实现的收入和已经发生或应当负担的费用,不论款项是否收付,都应当作为当期的收入和费用;凡是不属于当期的收入和费用,即使款项已在当期收付,也不应当作为当期的收入和费用。

我国《企业会计准则——基本准则》规定:“企业应当以权责发生制为基础进行会计确认、计量和报告”。在权责发生制下,要求企业在收入和费用实际发生时就进行确认,而不是等到实际收到现金或者支付现金时才确认。

(二)收付实现制

收付实现制又称现收现付制,它是以款项实际收付而不考虑应归属的期间为标准,确认、计量、记录和报告收入和费用。即凡是在当期已经收付的款项,不论应归属哪个期间,均作为当期收入和费用进行会计处理。反之,即便收入和费用应归属于本期,但款项在本期没有收付,也就不能在本期进行收入和费用的会计处理。行政事业单位普遍采用收付实现制作为会计核算的基础。

第五节　会计信息质量要求

会计信息质量要求是会计核算工作的一般规则。《企业会计准则》规定的会计信息质量要求包括可靠性、相关性、可理解性、可比性、实质重于形式、重要性、谨慎性、及时性八项具体要求。

可靠性也称真实性,是指企业应当以实际发生的交易或者事项为依据进行会计确认、计量和报告,如实反映符合确认和计量要求的各项会计要素及其他相关信息,保证会计信息真实可靠、内容完整。要求不能虚构的交易或者事项,要如实反映企业生产经营及财务活动的真实情况。保证会计信息数据准确、项目完备。

相关性也称有用性,是指企业提供的会计信息应当与财务会计报告使用者的经济决策需要相关,有助于财务会计报告使用者对企业过去、现在或者未来的情况作出评估或者预测。

可理解性是指企业提供的会计信息应当清楚明了,便于财务会计报告使用者理解和使用。它要求企业财务报告表述通俗易懂,简明扼要,让会计信息使用者理解会计信息内容,对于难以理解的会计信息,要加以说明或备注,以便判断和运用。

可比性是指企业会计核算必须符合会计制度的统一规定，会计指标口径一致，提供的会计信息相互可比。它要求同一企业不同时期发生的相同或者相似的交易事项，应当采用一致的会计政策，不得随意变更；不同企业的相同或者相似的交易或事项，应当采用规定的会计政策，确保会计信息口一致，相互可比。使得同一企业不同时期或不同企业之间的财务状况、经营成果可以相互比较。

实质重于形式是指企业应当按照交易或事项的经济实质进行会计核算，而不应当仅仅按照它们的法律形式作为会计核算的依据。如果企业仅仅以交易或事项的法律形式为依据进行会计确认、计量和报告，那么就容易导致会计信息失真，无法如实反映经济现实。在会计核算中，可能会出现一些经济实质与法律形式不吻合的经济业务，如企业融资租入的固定资产，在租赁期满以前，从法律形式上讲，所有权并未属于企业，但是由于融资租赁合同中规定，固定资产租赁期接近于的使用寿命，租赁期结束时企业有优先购买权，在租赁期内企业有权支配固定资产并从中受益。从经济实质上讲，与相关的收益和风险已经转移给企业，企业实际上也能行使对该项固定资产的控制，因此企业应该将该项固定资产视同自有资产进行会计核算，按期计提折旧，并反映在企业的资产负债表上。

重要性是指企业提供的会计信息应当反映与企业财务状况、经营成果和现金流量等有关的所有重要交易或者事项。重要性要求企业在会计核算过程中对交易或事项应当区别其重要程度，采用不同的核算方式。对资产、负债、损益等有较大影响的重要会计事项，必须在财务会计报告中予以分项详细披露；对于次要的会计事项，在不影响会计信息真实性和不至于误导财务会计报告使用者作出正确判断的前提下可合并反映，适当简化核算。

谨慎性是指企业对交易或事项进行会计确认、计量和报告时应当保持应有的谨慎，不应高估资产或者收益、低估负债或者费用。谨慎性要求企业在面临风险和不确定性因素时，必须保持应有的谨慎，充分估计可能承担的风险和损失，如应收款项中产生可能的坏账、固定资产的使用期限、投资减值、存货跌价等，适当估计资产和收益，以便规避风险和避免虚增资产。

及时性是指企业对于已经发生的交易或者事项，应当及时进行会计确认、计量和报告，不得提前或者延后。

会计信息具有时效性，及时提供会计信息有助才能满足经营决策的需要，及时性要求在经济业务发生后，及时收集整理各种原始凭证；按照企业会计准则的规定，及时对经济业务进行确认或者计量，并编制出财务报告；按照国家规定的有关时限，及时地将编制的财务报告传递给财务报告使用者，便于及时使用和决策。

第六节 会计法规与会计从业资格管理

一、会计法规

我国的会计法规体系包括会计法律、会计法规和会计制度三个层次。

会计法律是指由全国人民代表大会及其常务委员会制定的有关会计工作的法律。目前,我国的会计基本法律是《中华人民共和国会计法》。它是指导我国会计工作的根本大法,是会计法律体系中最高层次的规范,是制定其他会计法规的依据。

会计法规是指由国务院制定并发布,或由国务院有关部门拟定并经国务院批准发布,调整经济生活中某些方面会计关系的法律规范。如国务院发布的《企业财务会计报告条例》、《总会计师条例》,它是依据《中华人民共和国会计法》制定的,对会计核算和监督具有普遍的约束力。

会计制度是指国务院财政部门根据《会计法》制定的关于会计核算、会计监督、会计机构和会计人员以及会计工作管理的制度,包括会计部门规章和会计规范性文件。如《企业会计准则》、《企业会计制度》、《小企业会计制度》、《会计基础工作规范》、《企业内部会计控制规范》等。

二、会计从业资格管理

在国家机关、社会团体、公司、企业、事业单位和其他组织从事下列会计工作的人员必须取得会计从业资格:

(1)会计机构负责人(会计主管人员)。

(2)出纳。

(3)稽核。

(4)资本、基金核算。

(5)收入、支出、债权债务核算。

(6)工资、成本费用、财务成果核算。

(7)财产物资的收发、增减核算。

(8)总账。

(9)财务会计报告编制。

(10)会计机构内会计档案管理。

各单位不得任用(聘用)不具备会计从业资格的人员从事会计工作。不具备会计从业资格的人员,不得从事会计工作,不得参加会计专业技术资格考试或评审、会计专业职务的聘任,不得申请取得会计人员荣誉证书。

(一)会计从业资格证书的取得

1.基本条件

申请参加会计从业资格考试的人员,应当符合下列基本条件:

(1)坚持原则,具备良好的道德品质。

(2)遵守国家法律、法规。

(3)具备一定的会计专业知识和技能。

(4)热爱会计工作,秉公办事。

2.考试取得会计从业资格证书

根据财政部颁布的《会计从业资格管理办法》和《关于印发会计从业资格考试大纲的通知》(财办会〔2005〕3号)的规定,会计从业资格考试科目为"财经法规与会计职业道德"、"会计基础"和"初级会计电算化"(或者珠算五级)。

符合报考的基本条件且具备国家教育行政主管部门认可的中专以上(含中专)会计类专业学历(或学位)的人员,自毕业之日起2年内(含2年),免试"会计基础"、"初级会计电算化"(或者珠算五级)科目,只需参加"财经法规与会计职业道德"科目考试。

会计类专业具体包括:会计学、会计电算化、注册会计师专门化、审计学、财务管理、理财学等专业。

报名参加考试的人员必须参加规定科目的考试,并取得成绩合格,才能申请会计从业资格证书,并在有效期内,按属地原则到当地财政部门办理会计从业资格证书。

(二)会计从业资格证书的管理

1.注册

会计从业资格证书实行注册登记制度。持证人员应当自从事会计工作之日起90日内,填写会计从业资格注册登记表,并持会计从业资格证书和所在单位出具的从事会计工作的证明,向所属会计从业资格管理部门办理注册登记。

取得会计从业资格证书的人员因工作单位、学历;会计专业技术资格或者职称等发生变更时,应当持有效证明,按会计从业资格管理部门的有关规定办理变更登记手续。

从事会计工作的人员因调任等原因离开原工作单位且到其他地区继续从事会计工作的,应当到原注册登记的会计从业资格管理部门办理从业档案调转手续,并于办理调转手续后的30日内到新工作单位所在地区的会计从业资格管理部门重新办理注册登记手续。

2. 继续教育

取得会计从业资格证书的人员应当接受继续教育，提高业务素质和会计职业道德水平。继续教育以2年为一个周期，持证人员每个周期参加继续教育的时间累计不得少于48小时。

3. 年检

对会计从业资格证书的年检原则上每两年进行一次，主要审核和检查持证人员的下列情况：

(1)完成规定的会计人员继续教育内容和学时情况。

(2)工作单位、学历、会计专业技术资格或者职称变更情况。

(3)会计从业资格证书登记注册情况。

(4)已经注册登记的持证人员遵守财经法律、法规和会计职业纪律情况，依法履行会计职责情况。

会计从业资格证书年检的周期、时间、内容、程序等具体办法，由各省、自治区、直辖市、计划单列市财政厅(局)、新疆生产建设兵团财务局和中央主管部门制定。持证人员无故不参加会计人员继续教育或者不符合其他规定条件的，不予通过年检。

复习思考题

一、单项选择题

1. 在会计核算的前提条件中，对会计核算范围从空间上进行界定的是(　　)。

A. 会计主体　　B. 持续经营　　C. 会计分期　　D. 货币计量

2. 会计以(　　)为主要的计量单位。

A. 货币　　B. 劳动　　C. 实物　　D. 价格

3. 会计的基本职能是(　　)。

A. 预测与决策　　B. 分析与考核　　C. 管理与控制　　D. 核算与监督

4. 会计的对象是(　　)。

A. 资金运动　　B. 物质运动　　C. 会计运动　　D. 商品运动

5. 对重要会计事项，必须在财务会计报告中予以分项详细披露；对于次要的会计事项可合并反映，适当简化核算，符合会计信息质量(　　)的要求。

A. 可靠性　　B. 相关性　　C. 可理解性　　D. 重要性

6. 我国企业会计核算基础是(　　)。

A. 权责发生制　B. 收付实现制　C. 实地盘存制　D. 收付实现制

二、多项选择题

1. 会计的特点具体表现在以下几个方面(　　)。

A. 以货币作为主要计量单位

B. 以实物作为主要计量单位

C. 全面、综合、连续、系统地反映资金运动

D. 具有预测职能

2. 会计除了核算和监督的基本职能外,还具有的新职能是(　　)。

A. 决策　B. 预测　C. 分析　D. 控制

3. 工业企业的资金运动包括(　　)。

A. 资金投入　B. 资金循环与周转

C. 资金退出　D. 资金分配

4. 我国会计期间可划分为(　　)。

A. 年度　B. 半年度　C. 季度　D. 月度

5. 会计的方法包括(　　)。

A. 会计核算方法　B. 会计分析方法　C. 会计检查方法　D. 会计预测方法

6. 会计核算方法主要包括(　　)。

A. 设置账户　B. 复式记账

C. 填制和审核会计凭证　D. 设置和登记账簿

E. 成本计算　F. 财产清查

G. 编制会计报表

三、判断题

1. 会计是一种经济管理活动。(　　)

2. 企业应当按照交易或事项的经济实质进行会计核算,而不应当仅仅按照它们的法律形式作为会计核算的依据。(　　)

3. 货币是会计的唯一计量单位。(　　)

4. 我国《企业会计制度》明确规定,企业的会计核算只能以人民币为记账本位币。(　　)

5. 会计主体不一定具有法人资格。(　　)

6. 从事会计工作的人员必须持有会计从业资格证书。(　　)

第二章　复式记账

◆知识目标

1.理解会计要素的具体内容及其各会计要素之间的恒等关系。

2.掌握会计科目的分类、账户的基本结构和复式记账原理。

3.掌握总分类账户与明细分类账户的平行登记方法。

◆技能目标

1.能分析不同经济业务类型对会计恒等式的影响。

2.能熟练运用借贷记账法进行会计分录的编制。

3.能运用试算平衡原理编制试算平衡表。

4.能熟练对总分类账户与明细分类账户进行平行登记。

案例导入

2010年1月1日黄河公司由甲、乙、丙三人共同投资组成，公司注册资本500万元，其中：甲以银行存款出资200万元；乙以机器设备出资100万元，土地使用权出资50万元；丙以原材料出资100万元，银行存款出资50万元。5日，公司为扩大生产经营规模，向银行取得3年期借款100万元；8日，公司以存款50万元购入原材料一批计35万元，运输用卡车15万元；15日，公司出售甲产品一批计60万元，款项已存入银行；20日，乙产品生产领用原材料一批计10万元；25日，公司从开户银行提取库存现金1 000元，以备零星开支；30日，公司以库存现金支付办公用品费400元，管理部门电话费500元。

以上是企业实际工作中，经常发生的经济业务，请带着下列问题学习本章的知识。

[思考题]

1. 在本案例中，涉及哪些会计要素？各会计要素之间的关系如何？

2. 在本案例中，涉及哪些会计科目与账户？

3. 在本案例中，如何运用借贷记账法编制正确的会计分录？

4. 在本案例中，如何编制本期发生额及余额试算平衡表？

第一节 会计要素

一、会计要素的确认

会计要素是指对会计对象所进行的基本分类，也是会计核算对象的具体化。我国《企业会计准则——基本准则》将会计要素分为六大类，即资产、负债、所有者权益、收入、费用和利润。其中，资产、负债和所有者权益三项会计要素是资金运动的静态表现，反映企业的财务状况；收入、费用和利润三项会计要素是资金运动的动态表现，反映企业的经营成果。会计要素为会计分类核算提供了基础，也为会计报表构筑了基本框架，同时也是设置账户的基本依据。

(一)资产

资产是指企业过去的交易或者事项形成的，由企业拥有或者控制的经济资源，该资源预期会给企业带来经济利益。它包括各种财产、债权和其他权利。拥有或控制一定数量的资产，是企业进行生产经营活动的前提条件。作为会计要素的资产，应具备四个方面的特征：一是资产是由过去的交易或事项形成的。也就是说，资产是过去已经发生的交易或事项所产生的结果，资产必须是现实的资产，而不能是预期的资产。至于未来交易或事项可能产生的结果不能作为资产确认。二是资产必须为企业拥有或控制。也就是说，资产应该由企业所拥有的，即使不为企业所拥有，也是企业所控制的。一项资源要作为企业资产予以确认，企业应该拥有该项资源的所有权，可以按照自己的意愿使用或处置资产。三是资产能够给企业带来预期的经济利益。经济利益是指直接或间接地流入企业的现金或现金等价物。在企业生产经营活动中，凡是能够给企业提供未来经济利益的资源都可以成为资产。但资产必须具有使用价值与交换价值。没有经济价值，不能给企业带来经济利益的项目，就不能确认为企业的资产。四是资产必须能够用货币计量。一项资源如果不能用货币来计量，就失去了会计核算的基础，也就无法将其作为会计要素来确认。

资产按其流动性不同，分为流动资产和非流动资产。

1. 流动资产

流动资产是指可以在一年或超过一年的一个营业周期内变现或耗用的资产，主要包括库存现金、银行存款、交易性金额资产、应收及预付款项、存货等。其中，库存现金是指由企业出纳人员保管并存放在企业内部的现钞；银行存款是指企业存放在银行的货币资金；交易性金融资产是指企业为了近期内出售而持有的金融资产；应收及预付款项是指企业在日常生产经营过程中发生的各种债权，包括应收票据、应收账款、其他应收款和预付账款等；存货是指企业为生产或销售而储存的各种材料、在产品、半成品、产成品、商品等。

2. 非流动资产

非流动资产是指在一年或超过一年的一个营业周期内不能变现或耗用的资产，包括长期股权投资、固定资产、无形资产和其他资产等。其中，长期股权投资是指企业持有的对其子公司、合营企业及联营企业的权益投资以及企业持有的对被投资单位不具有控制、共同控制或重大影响，并且在活跃市场中没有报价、公允价值不能可靠计量的权益性投资；固定资产是指为生产商品、提供劳务、出租或经营管理而持有的，使用寿命超过一个会计年度的有形资产，包括房屋、建筑物、机器设备、运输设备等；无形资产是指企业拥有或控制的没有实物形态的可辨认非货币性资产，包括专利权、非专利技术、商标权、著作权、土地使用权、特许权等；其他资产是指除流动资产、长期股权投资、固定资产、无形资产等以外的资产，如长期待摊费用等。

(二)负债

负债是指企业过去的交易或者事项形成的预期会导致经济利益流出企业的现时义务。作为会计要素的负债，应具备四个方面的特征：第一，负债是由过去的交易或事项形成的。也就是说，导致负债的交易或事项必须已经发生，例如，企业赊购商品或劳务，会产生应付账款，接受银行贷款会产生还本付息的义务。只有源于已经发生的交易或事项，会计上才有可能确认为负债。对于企业正在筹划的未来交易或事项，如企业的借款计划等，并不构成企业的负债。第二，负债的清偿预期会导致经济利益流出企业。负债通常是需要在未来某一时日通过交付资产（包括现金与其他资产）或提供劳务来清偿。例如，企业赊购的材料，货款未付，该业务所形成的应付账款应确认为企业的负债，需要在未来某一时日通过交付现金或银行存款来清偿，从而引起未来经济利益流出企业。第三，负债必须能用货币准确合理地计量。凡不能以货币计量的经济责任，不能确认为会计上的负债。第四，负债有确定的偿还日期,有确切的受款人。

负债按其偿还期限不同,分为流动负债和长期负债。

1.流动负债

流动负债是指将在一年或者超过一年的一个营业周期内偿还的债务,主要包括短期借款,应付票据、应付账款、预收账款、应付职工薪酬、应交税费、应付利息、应付股利、预提费用、其他应付款等。

2.长期负债

长期负债是指偿还期限在一年或超过一年的一个营业周期以上的债务,包括长期借款、应付债券和长期应付款等。

(三)所有者权益

所有者权益是指企业的投资人(即企业所有者)在企业资产中享有的经济利益,是企业的全部资产减去全部负债后的差额,即企业的净资产。所有者权益主要包括实收资本、资本公积、盈余公积和未分配利润。其中,盈余公积和未分配利润又统称为留存收益。

1.实收资本

实收资本是指企业的投资者按照企业章程或者合同、协议的约定,实际投入企业的资本,是企业所有者权益构成的主体,是企业注册成立的基本条件之一,也是企业正常运行所必需的资金和承担民事责任的财力保证,在股份有限公司称为"股本"。

2.资本公积

资本公积是指企业收到投资者超出其在企业注册资本(或股本)中所占份额的投资,以及直接计入所有者权益的利得和损失等。资本公积包括资本溢价(或股本溢价)和直接计入所有者权益的利得和损失等。资本公积还可以按照法定的程序转增资本或股本。

3.盈余公积

盈余公积是指企业按规定从净利润中提取的企业积累资金。一般企业和股份有限公司的盈余公积包括法定盈余公积、任意盈余公积。企业可以用盈余公积弥补亏损、转增资本或股本,在符合规定条件的企业,也可用盈余公积分派现金股利或利润。

4.未分配利润

未分配利润是指企业留于以后年度分配的利润或待分配利润。如果企业发生亏损,则为未弥补亏损,可以按规定由以后连续5年内的利润进行弥补。

从会计要素的角度来看,债权人对企业资产的要求权即为债权人权益,所有者对企业资产的要求权即为所有者权益，因此，可以将负债与所有者权益统称为权益。但二者并不完全相同，区别在于：第一，享有的法律权利不同，债权人有到期要求收回本金和利息的权利，但没有参与决策与盈利分配等权利；而投资人在没有法律允许的情况下不能要求收回本金，但投资人拥有参与企业重大经营决策、企业盈利分配和资本增值的拥有等权利。第二，享有资产权的范围不同，债权人有权要求企业以其全部资产对其承担责任，而投资人只对企业净资产享有要求权，也就是说，债权人的权益优先于所有者的权益，所有者权益是一种剩余权益。

（四）收入

收入是指企业在销售商品，提供劳务及让渡资产使用权等日常活动中形成的经济利益的总流入。收入不包括为第三方或客户代收的款项。对于企业来说，收入是补偿费用、取得利润的源泉。收入一般具有四个方面的特征：第一，收入产生于企业日常活动的全过程，而不是从偶发的交易或事项中产生。如企业销售商品，提供劳务的收入等。第二，收入的实现可能表现为企业资产的增加，也可能表现为企业负债的减少，或者同时表现为资产的增加和负债的减少等。如赊销时产生的债权，以商品抵偿债务等。第三，收入最终会导致企业所有者权益的增加。由于收入能使资产增加或负债减少或两者兼有之，企业取得收入一定能导致所有者权益的增加。第四，收入只包括本企业经济利益的流入，不包括为第三方或客户代收的款项，如代收增值税、代销款等。

收入包括销售商品收入、提供劳务收入和让渡资产使用权收入。其中销售商品收入是指企业通过销售商品实现的收入；提供劳务收入是指企业通过提供各种劳务服务所获得的收入，如咨询、代理等；让渡资产使用收入是指企业通过让渡资产使用权实现的收入，如利息收入和使用费收入等。

收入按企业经营业务的主次不同，分为主营业务收入和其他业务收入。

1. 主营业务收入

主营业务收入是指企业销售商品，提供劳务及让渡资产使用权等正常经营活动而取得的收入。

2. 其他业务收入

其他业务收入是指除主营业务以外的其他销售或其他业务所取得的收入，包括材料销售、包装物出租、代购代销等业务取得的收入。

（五）费用

费用是指企业为销售商品、提供劳务等日常活动中所发生的经济利益的总流出。包括企业在施工过程中所发生的建造费用、在筹资过程中发生的筹资费用、在采购过程中发生的采购费用、在生产过程中发生的生产费用、在销售过程中发生的销售费用、在企业经营管理过程中发生的管理费用、企业承担的所得税费以及所遭受的财产损失等。因此,费用应具有三个方面的特征:第一,费用发生于企业生产经营管理活动的全过程,既有因日常活动而发生的建造费用、筹资费用、生产费用、销售费用、管理费用、所得税费用等,也有因偶发的交易或事项而遭受的财产损失,如罚款损失、资产盘亏损失、非常损失等。第二,费用的发生会引起企业所有者权益的减少。费用既可能表现为资产的减少,如减少现金、原材料等;也可能表现为负债的增加,如增加应交税费、应付职工薪酬等。在一般情况下发生的费用总是为了获取一定时期的收入,因此费用应从本期收入中得到补偿,费用的发生一定会导致企业所有者权益的减少。第三,费用会引起企业经济利益的总流出,具体表现为资产的减少或负债的增加,或者两者兼而有之。企业要进行生产经营活动必然会发生一定的费用,费用是经营成果的扣除要素,收入扣除相应费用后形成一定期间的利润。

费用按经济用途不同,分为应计入产品成本的费用和不应计入产品成本的费用。

1.应计入产品成本的费用

应计入产品成本的费用又分为直接费用和间接费用,其中直接费用包括直接材料、直接人工和其他直接费用,间接费用主要指制造费用。

2.不应计入产品成本的费用

不应计入产品成本的费用主要指期间费用。期间费用是指企业当期发生的必须从当期收入中得到补偿的费用,主要包括企业行政管理部门为组织和管理生产经营活动而发生的管理费用,为筹集资金而发生的财务费用以及为销售商品而发生的销售费用。由于期间费用不参与成本计算,期间费用应直接计入当期损益。

(六)利润

利润是指企业在一定会计期间的经营成果,是企业生产经营过程中全部收入减去全部费用后的净额。利润在会计上具有三个方面的特征:第一,利润是收入和费用两个会计要素相互配比的结果。当某一会计期间的收入大于费用时,表现为企业盈利,反之则表现为企业亏损。第二,利润的形成会导致所有者权益发生增减变动。第三,我国企业会计准则界定的利润,是广义上的收入与狭义上的费用相抵后的差额。

利润包括营业利润、利润总额和净利润三部分。

1.营业利润

营业利润是指营业收入减去营业成本、营业税金及附加、期间费用(包括销售费用、管理费用和财务费用)、资产减值损失,加上公允价值变动净收益、投资净收益后的金额。

2.利润总额

利润总额是指营业利润加上营业外收入，减去营业外支出后的金额。

3.净利润

净利润是指利润总额减去所得税费用后的金额。有关收入、费用的各个项目及利润计算的详细内容将在第三章中结合会计实务作进一步详细介绍。

二、会计要素的计量

会计计量是为了将符合确认条件的会计要素登记入账并列报于财务报表而确定其金额的过程。企业应按照规定的会计计量属性进行计量，确定相关金额。计量属性是指所予计量的某一要素的特性方面，如桌子的长度、铁矿的重量、楼房的高度等。从会计角度，计量属性反映的是会计要素金额的确定基础，主要包括历史成本、重置成本、可变现净值、现值和公允价值等。

1.历史成本

历史成本又称为实际成本，就是取得或制造某项财产物资时所实际支付的现金或者其他等价物。在历史成本计量下，资产按照其购置时支付的现金或者现金等价物的金额，或者按照购置资产时所付出的对价的公允价值计量。负债按照其因承担现时义务而实际收到的款项或者资产的金额，或者承担现时义务的合同金额，或者按照日常活动中为偿还负债预期需要支付的现金或者现金等价物的金额计量。

2.重置成本

重置成本又称现行成本，是指按照当前市场条件，重新取得同样一项资产需支付的现金或现金等价物金额。在重置成本计量下，资产按照现在购买相同或者相似资产所需支付的现金或者现金等价物的金额计量。负债按照现在偿付该项债务所需支付的现金或者现金等价物的金额计量。

3.可变现净值

可变现净值是指在正常生产经营过程中以预计售价减去进一步加工成本和销售所必须的预计税金、费用后的净值。在可变现净值计量下，资产按照其正常对外销售所能收到现金或者现金等价物的金额扣减该资产至完工时估计将要发生的成本、估计的销售费用以及相关税金后的金额计量。

4.现值

现值是指对未来现金流量以恰当的折现率进行折现后的价值，是考虑货币时间价值因素等的一种计量属性。在现值计量下，资产按照预计从其持续使用和最终处置中所产生的未来净现金流入量的折现金额计量。负债按照预计期限内需要偿还的未来净现金流出量的折现金额计量。

5.公允价值

公允价值是指在公平交易中,熟悉情况的交易双方自愿进行资产交换或者债务清偿的金额。在公允价值计量下,资产和负债按照在公平交易中,熟悉情况的交易双方自愿进行资产交换或者债务清偿的金额计量。

第二节 会计恒等式

一、会计恒等式概述

会计恒等式是指表明各会计要素之间数量关系的恒等式。会计恒等式又称为会计平衡公式或会计方程式。它揭示了各项会计要素之间的内在联系,是设置账户、复式记账和编制会计报表的理论依据。

(一)资产=负债+所有者权益

这是最基本的会计恒等式。企业为了进行正常的生产经营活动,必须拥有一定数量的、能满足其生产经营需要的经济资源即资产,作为从事经济活动的基础,如房屋、机器设备、原材料、货币资金等。这些资产的来源取决于两条渠道,一是所有者投入的资本,二是举债借入的资金。无论是所有者投入的资本,还是企业通过举债借入的资金,都体现了一定的经济关系,前者形成企业与投资者之间的投资与被投资的关系,归属于所有者权益;后者形成企业与债权人之间的债权与债务的关系,归属于债权人权益(即企业的负债)。资产和负债、所有者权益,实质上是同一价值运动的两个方面,因而客观上存在必然相等的关系。从数量上来说,有一定数额的资产,必定有一定数额的负债和所有者权益;反之,有一定数额的负债和所有者权益,也必定有一定数额的资产。也就是说,资产与负债和所有者权益之间在数量上必然相等。这一基本平衡关系用公式表示如下:

资产=权益

资产=债权人权益+所有者权益

资产=负债+所有者权益

这一平衡公式反映了资产、负债和所有者权益三个会计要素之间的数量关系以及企业资产的归属，是企业的资金运动在一定时点上的静态平衡反映，也是编制资产负债表的依据。

(二)收入－费用＝利润

企业的目标就是从生产经营过程中获取收入，实现盈利。企业在取得收入的同时，也必然会发生相应的费用。收入与费用相互比较的结果，就是企业在一定时期所获得的利润或发生的亏损。因此收入、费用和利润的关系用公式可表示为：

收入－费用＝利润

这一等式反映了一定时期内收入、费用和利润三个会计要素之间的经济关系，及在一定时期内企业经营成果的形成过程，因此，是企业的资金运动在一定时点上的动态平衡反映，也是编制利润表的依据。企业在一定时期内获得的经营成果能够对资产和所有者权益产生影响，如果收入大于费用时，企业就实现了利润，所有者权益将增加；反之，企业就发生了亏损，所有者权益将会减少。收入可以导致企业资产的增加或负债的减少，最终导致所有者权益增加；费用可以导致企业资产的减少或负债的增加，最终导致所有者权益减少。因此，将这种关系用公式可表示为：

资产＝负债＋所有者权益＋利润

资产＝负债＋所有者权益＋(收入－费用)

资产＋费用＝负债＋所有者权益＋收入

上述等式将会计的六大要素有机地结合起来，完整地反映了企业的资金运动过程，揭示了资产负债表要素和利润表要素内部及其相互之间的联系和依存关系。

二、经济业务对会计恒等式的影响

企业在生产经营过程中会不断发生各种经济业务，例如购买原材料、支付工资、销售商品、交纳税款、分配利润等，这些经济业务的发生必然会引起会计要素在数量上的增减变化。但是，无论发生什么经济业务，都不会破坏上述资产与负债和所有者权益之间的平衡关系。也就是说，任何经济业务的发生所引起的会计恒等式中各要素的增减变化，都不会破坏“资产＝负债＋所有者权益”这一会计恒等式的成立。

下面以大众公司发生的经济业务为例进行说明。

大众公司 2010 年 5 月 31 日资产、负债和所有者权益的有关项目的金额及平衡关系如表 2-1 所示。

表 2-1　　资产、负债及所有的权益平衡表　　单位:元

资　产	金　额	负债及所有者权益	金　额
银行存款	50 000	短期借款	10 000
应收账款	80 000	应付账款	180 000
原材料	100 000	应交税费	80 000
长期股权投资	60 000	实收资本	110 000
固定资产	150 000	资本公积	60 000
合　计	440 000	合　计	440 000

大众公司 2010 年 6 月份发生下列经济业务:

(1)6 月 3 日,用银行存款购进原材料 5 000 元。

这项经济业务的发生,引起资产项目之间此增彼减,一方面使公司资产项目原材料增加了 5 000 元,另一方面又使公司资产项目银行存款减少了 5 000 元,增减金额相等,这一增一减并未引起公司总资产金额发生变化。另外,这项经济业务没有涉及负债和所有者权益项目,不会引起权益总额发生变化。因此,这项经济业务的发生不会改变会计恒等式的平衡关系。

(2)6 月 8 日,向银行借入短期借款 30 000 元,直接偿还应付账款。

这项经济业务的发生,引起负债项目之间此增彼减,一方面使公司负债项目短期借款增加了 30 000 元,另一方面又使公司负债项目应付账款减少了 30 000 元,增减金额相等。因此,并未引起公司负债总额发生变化。另外,这项经济业务没有涉及资产和所有者权益项目,不会引起资产总额和所有者权益总额发生变化,所以,这项经济业务的发生不会改变会计恒等式的平衡关系。

(3)6 月 18 日,公司接受 A 公司投入的机器一台价值 120 000 元。

这项经济业务的发生,引起资产项目与所有者权益项目同时增加,一方面使公司资产项目固定资产增加了 120 000 元,另一方面又使公司所有者权益项目实收资本增加了 120 000 元,等式双方增加的金额相等。因此,会计恒等式的平衡关系仍没有改变。

(4)6 月 25 日,公司以银行存款上交本月应交的税费 70 000 元。

这项经济业务的发生,引起资产项目和负债项目同时减少;一方面使公司资产项目银行存款减少了 70 000 元,另一方面又使公司负债项目应交税费减少了 70 000 元,等式双方减少的金额相等。因此,会计恒等式的平衡关系仍没有改变。

以上经济业务的发生对"资产＝负债＋所有者权益"会计恒等式的影响如表2-2所示。

表 2-2 资产、负债及所有的权益变动表 单位:元

期初资产总额	440 000	期初(负债＋所有者权益)总额	440 000
(1)原材料	＋5 000	(2)短期借款	＋30 000
(1)银行存款	－5 000	(2)应付账款	－30 000
(3)固定资产	＋120 000	(3)实收资本	＋120 000
(4)银行存款	－70 000	(4)应交税费	－70 000
期末资产合计	490 000	期末(负债＋所有者权益)合计	490 000

从上述列举的四项经济业务可以看出,大众公司2010年6月份发生经济业务以后,资产仍然与负债和所有者权益保持着平衡关系。由此可以得出结论:任何一项经济业务的发生,无论引起会计要素发生什么样的增减变动,都不会改变会计恒等式的平衡关系。

企业日常发生的经济业务虽然种类繁多,但归纳起来不外乎有以下四种类型:①经济业务发生,引起资产项目之间发生此增彼减,增减金额相等,平衡关系不变。②经济业务发生,引起权益项目之间发生此增彼减,增减金额相等,平衡关系不变。③经济业务发生,引起资产与权益项目同时增加,双方增加的金额相等,平衡关系不变。④经济业务发生,引起资产与权益项目同时减少,双方减少的金额相等,平衡关系不变。

将上述四种经济业务具体化,可表现为以下九种情况:①资产项目此增彼减,增减金额相等,会计恒等式保持平衡;②负债项目此增彼减,增减金额相等,会计恒等式保持平衡;③所有者权益项目此增彼减,增减金额相等,会计恒等式保持平衡;④资产项目和负债项目等额增加,会计恒等式保持平衡;⑤资产项目和负债项目等额减少,会计恒等式保持平衡;⑥资产项目和所有者权益项目等额增加,会计恒等式保持平衡;⑦资产项目和所有者权益项目等额减少,会计恒等式保持平衡;⑧负债项目增加,所有者权益项目减少,增减金额相等,会计恒等式保持平衡;⑨负债项目减少,所有者权益项目增加,增减金额相等,会计恒等式保持平衡。

上述的举例证明了经济业务的发生虽然会导致资产和负债、所有者权益的增减变动,但资产和负债、所有者权益三者之间的平衡关系永远不会被打破。如果考

虑收入、费用和利润要素的增减变动情况又会怎样呢?

如前所述,企业生产经营过程中取得的收入实质上是企业经济利益的流入,它将导致企业资产的增加,发生的费用将导致企业资产的减少。在会计期末,收入与费用相抵的差额即为利润或亏损,最终会导致所有者权益的增加或减少,因此,在会计期末,将利润或亏损归入所有者权益之后,上述公式可演变为:

资产+费用=负债+所有者权益+收入

资产=负债+所有者权益+收入-费用

资产=负债+所有者权益+利润

下面通过举例可以说明,当企业发生有关收入和费用经济业务时,会计恒等式仍然成立。

(5)企业销售产品,收到销售收入价款 100 000 元,存入银行。

这项经济业务的发生,一方面使企业资产项目银行存款增加了 100 000 元,另一方面又使收入项目主营业务收入增加了 100 000 元,由于会计恒等式左右两方的资产和收入项目等额增加,会计恒等式仍保持平衡。

(6)接供电部门通知,企业管理部门发生电费 2 000 元尚未支付。

这项经济业务的发生一方面使企业费用项目管理费用增加了 2 000 元,另一方面又使负债项目应付账款增加了 2 000 元,由于会计恒等式左右两方的费用和负债项目等额增加,会计恒等式仍保持平衡。

(7)以库存现金支付企业管理部门办公用品费 500 元。

这项经济业务的发生,一方面使企业费用项目管理费用增加了 500 元,另一方面又使资产项目库存现金减少了 500 元,由于会计恒等式左方的资产项目和费用项目等额此增彼减,相抵后为零,会计恒等式仍保持平衡。

(8)企业用产品抵偿前欠光明公司的货款 65 000 元。

这项经济业务的发生,一方面使企业收入项目主营业务收入增加了 65 000 元,另一方面又使负债项目应付账款减少了 65 000 元,由于会计恒等式右方的收入项目和负债项目等额此增彼减,相抵后为零,会计恒等式仍保持平衡。

从例 2-1 可以看出,当企业发生有关收入和费用会计要素增减变动时,会计恒等式仍保持平衡关系,因此,"资产=负债+所有者权益"这一会计恒等式永远成立。它是设置会计科目与账户、复式记账和编制会计报表的理论依据,在会计实务中发挥着重要的作用。

第三节　会计科目与会计账户

一、会计科目

(一)会计科目的概念

会计科目是指对会计对象的具体内容在按照会计要素分类的基础上进一步分类的项目。为了全面、系统地反映和监督企业发生的各项经济活动,分门别类地为经济管理提供会计信息,就需要设置会计科目。通过设置会计科目,对会计要素的具体内容进行科学分类,可以为会计信息的使用者提供科学的、详细的分类指标体系。

(二)会计科目的设置

1. 设置会计科目的原则

为了更好地进行会计核算,满足经济管理对会计核算资料提供的要求,设置会计科目时应遵循以下原则:

(1)合法性原则。为了保证会计信息的可比性,会计科目必须根据企业会计准则,并按照国家统一会计制度的要求设置。会计科目应当符合国家统一的会计制度,在我国,总分类科目原则上由财政部统一规定。

(2)相关性原则。设置会计科目应当满足对外报告与对内管理的要求,满足相关各方的信息要求。

(3)实用性原则。设置会计科目应当符合单位特点,满足单位的实际需要。既要防止会计科目过于简单,又要防止会计科目过于繁琐。

根据财政部统一制定的《企业会计制度》,企业常用的会计科目如表 2-3 所示。

表 2-3　　　　会计科目表

顺序号	编号	会计科目名称	顺序号	编号	会计科目名称
		一、资产类	8	1131	应收股利
1	1001	库存现金	9	1132	应收利息
2	1002	银行存款	10	1221	其他应收款
3	1012	其他货币资金	11	1231	坏账准备
4	1101	交易性金融资产	12	1401	材料采购
5	1121	应收票据	13	1402	在途物资
6	1122	应收账款	14	1403	原材料
7	1123	预付账款	15	1404	材料成本差异

续表 2-3

顺序号	编号	会计科目名称	顺序号	编号	会计科目名称
16	1405	库存商品			二、负债类
17	1406	发出商品	47	2001	短期借款
18	1407	商品进销差价	48	2201	应付票据
19	1408	委托加工物资	49	2202	应付账款
20	1411	周转材料	50	2203	预收账款
21	1421	消耗性生物资产	51	2211	应付职工薪酬
22	1461	融资租赁资产	52	2221	应交税费
23	1471	存货跌价准备	53	2231	应付利息
24	1501	持有至到期投资	54	2232	应付股利
25	1502	持有至到期投资减值准备	55	2241	其他应付款
26	1503	可供出售金融资产	56	2401	递延收益
27	1511	长期股权投资	57	2501	长期借款
28	1512	长期股权投资减值准备	58	2502	应付债券
29	1521	投资性房地产	59	2701	长期应付款
30	1531	长期应收款	60	2702	未确认融资费用
31	1601	固定资产	61	2711	专项应付款
32	1602	累计折旧	62	2801	预计负债
33	1603	固定资产减值准备	63	2901	递延所得税负债
34	1604	在建工程			三、共同类
35	1605	工程物资	64	3101	衍生工具
36	1606	固定资产清理	65	3201	套期工具
37	1621	生产性生物资产	66	3202	被套期项目
38	1622	生产性生物资产累计折旧			四、所有者权益类
39	1623	公益性生物资产	67	4001	实收资本
40	1701	无形资产	68	4002	资本公积
41	1702	累计摊销	69	4101	盈余公积
42	1703	无形资产减值准备	70	4103	本年利润
43	1711	商誉	71	4104	利润分配
44	1801	长期待摊费用	72	4201	库存股
45	1811	递延所得税资产			五、成本类
46	1901	待处理财产损溢	73	5001	生产成本

续表 2-3

顺序号	编号	会计科目名称	顺序号	编号	会计科目名称
74	5101	制造费用	84	6402	其他业务成本
75	5201	劳务成本	85	6403	营业税金及附加
76	5301	研发支出	86	6411	利息支出
		六、损益类	87	6601	销售费用
77	6001	主营业务收入	88	6602	管理费用
78	6051	其他业务收入	89	6603	财务费用
79	6061	汇兑损益	90	6701	资产减值损失
80	6101	公允价值变动损益	91	6711	营业外支出
81	6111	投资收益	92	6801	所得税费用
82	6301	营业外收入	93	6901	以前年度损益调整
83	6401	主营业务成本			

2.会计科目的编号

各个单位在进行会计核算时，所运用的会计科目很多，为了表明他们的性质及所属的类别关系，并便于记账时迅速准确地使用会计科目，有助于会计核算从传统的手写簿记系统逐步发展为电子数据处理系统，我国财政部统一规定的会计科目，都按照一定的方法予以编号。我国会计制度规定对会计科目的编号一般采用“四位数编号法”如“1”为资产类会计科目，“2”为负债类会计科目，“3”为共同类会计科目，“4”为所有者权益类会计科目，“5”为成本类会计科目，“6”为损益类会计科目。为了便于会计科目增减，在编号时，要注意留有空号。

(三)会计科目的分类

为了正确设置会计科目，便于掌握和运用会计科目，使记账工作正常进行，就需要对会计科目进行分类。

1.会计科目按经济内容分类

会计科目按经济内容分类，可分为资产类、负债类、共同类、所有者权益类、成本类和损益类六大类会计科目。

第一类，资产类会计科目。根据其流动性进一步分为流动资产和非流动资产两类会计科目。

第二类，负债类会计科目。根据债务偿还期限长短，分为流动负债和非流动负债两类会计科目。

第三类，共同类会计科目 。包括衍生工具、套期工具、被套期项目科目。

第四类，所有者权益类会计科目。根据其形成方式分为实收资本、资本公积、盈余公积、本年利润、利润分配和库存股科目。

第五类，成本类会计科目。企业一般设置有生产成本、制造费用、劳务成本、研发支出科目。

第六类，损益类会计科目。根据企业经营损益形成的内容进一步划分为收入类和费用类会计科目。

2.会计科目按提供指标的详细程度分类

会计科目按其提供会计指标的详细程度不同，可分为总分类科目和明细分类科目。

总分类科目也称一级科目，是对会计要素具体内容进行总括分类，提供总括核算指标的会计科目。如表 2-3 所列的会计科目都是总分类科目。

明细分类科目包括二级、三级会计科目，有时甚至还包括四级、五级会计科目。明细分类科目是对总分类科目进一步划分、提供更详细、具体核算指标的会计科目。

下面以“原材料”、“库存商品”为例，说明它们之间的相互关系如表 2-4 所示。

表 2-4　　总分类科目与明细分类科目的关系

<table>
<tr><th rowspan="2">总分类科目
（一级科目）</th><th colspan="2">明细分类科目</th></tr>
<tr><th>二级科目（子目）</th><th>三级科目（细目）</th></tr>
<tr><td rowspan="4">原材料</td><td rowspan="2">主要材料</td><td>A 材料</td></tr>
<tr><td>B 材料</td></tr>
<tr><td rowspan="2">辅助材料</td><td>油漆</td></tr>
<tr><td>润滑油</td></tr>
<tr><td rowspan="4">库存商品</td><td rowspan="2">白酒</td><td>五粮液</td></tr>
<tr><td>茅台酒</td></tr>
<tr><td rowspan="2">服装</td><td>西装</td></tr>
<tr><td>运动服</td></tr>
</table>

总分类科目与明细分类科目的内在联系主要表现在以下两个方面：

一是二者反映的经济业务内容相同。如“原材料”总分类科目与所属的明细科目“主要材料”，三级明细科目“A 材料”等明细科目都是反映原材料的增减变化情况。

二是登记的原始依据相同。登记总分类科目与登记属明细分类科目的记账凭证和原始凭证是相同的。

总分类科目与明细分类科目的区别主要表现在以下两个方面：

一是反映经济内容的详细程度不一样。总分类科目反映资金变化的总括情况，提供总括资料，明细科目反映资金变化的详细情况，提供某一方面的材料，有些明细科目还可以提供实物数量指标和劳动量指标。

二是作用不同。总分类科目提供的指标，是对明细科目的综合，对所属明细科目起统驭作用，明细科目是对总分类科目的补充。

我国企业会计制度规定，总分类科目由财政部统一制定，明细分类科目除会计制度规定设置的以外，企业可根据会计核算和管理的实际需要自行设置。但必须指出，并不是所有的一级科目都需要设置二级和三级科目，如"坏账准备"、"所得税费用"、"累计摊销"等科目就不需要设置二级、三级科目。

二、会计账户

(一)会计账户的概念

会计账户是根据会计科目开设的具有一定格式的记录经济业务的工具。会计账户与会计科目既有联系又有区别，二者的联系是账户根据科目开设，二者内容一致，目的也相同，都为了分类提供会计信息。科目是账户的名称，而账户则是科目的具体运用。二者的区别在于账户具有结构，而科目只是规定了账户核算的经济内容，没有结构。

(二)会计账户的分类

1.账户按提供指标的详细程度分类

由于账户是根据会计科目设置的，同会计科目的分类相对应，账户也分为总分类账户和明细分类账户。

总分类账户是指根据总分类科目设置的，用于对会计要素具体内容进行总括分类核算的账户，简称总账账户或一级账户。例如，"银行存款"账户，"无形资产"账户等都是总分类账户。

明细分类账户是指根据明细分类科目设置的，用于对会计要素具体内容进行明细分类核算的账户，简称明细账户或二级、三级账户。例如，"应收账款"账户下设的"A 公司"和"B 公司"，"应付职工薪酬"账户下设的"工资"和"职工福利"等都是明细分类账户。

2.账户按所反映的经济内容分类

根据账户所反映的经济内容不同，账户可分为资产类账户、负债类账户、共同类账户、所有者权益类账户、成本类账户和损益类账户六大类。

资产类账户是指用来核算和监督企业各种资产增减变动及其结存情况的账

户。按照资产的流动性，又可分为流动资产类账户和非流动资产类账户。例如，“库存现金”、“原材料”、“周转材料”等账户就属于流动资产类账户；“长期股权投资”、“固定资产”、“无形资产”、“长期待摊费用”等账户就属于非流动资产类账户。

负债类账户是用来核算和监督企业各种负债的增减变动及其结存情况的账户。按负债偿还期限的长短不同，又可分为流动负债类账户和长期负债类账户。例如，“短期借款”、“应付账款”、“应交税费”等账户就属于流动负债类账户；“长期借款”、“应付债券”、“长期应付款”等账户就属于长期负债类账户。

共同类账户是用来核算和监督企业衍生工具及开展套期保值业务套期工具、被套期项目公允价值变动形成的资产或负债账户。例如，“衍生工具”、“套期工具”、“被套期项目”等账户。

所有者权益类账户是用来核算和监督所有者权益增减变动及其结存情况的账户。例如，“实收资本”、“资本公积”、“盈余公积”、“本年利润”等账户。

成本类账户是用来反映企业生产经营过程中各成本计算对象的费用归集，成本计算情况的账户。例如，“生产成本”、“制造费用”、“劳务成本”等账户。

损益类账户是用来反映企业应直接计入当期损益的各项收入和费用的账户。例如，“主营业务收入”、“其他业务收入”、“营业外收入”、“管理费用”、“销售费用”等账户。

(三)会计账户的基本结构

账户结构分为左方、右方两个方向，一方登记增加数，另一方登记减少数。同时，为了反映经济业务的增减变化的结果，账户还需要设置反映结余数的部分。这样，账户的基本结构由“增加栏”、“减少栏”和“余额栏”三部分构成。这一基本结构，不论企业在实际工作中所使用的账户具体格式如何，总是一样的。

当然对于一个完整的账户而言，除了必须有反映增加数、减少数和余额外，还应包括其他栏目，反映其他相关内容。一般来说，一个完整的账户结构应包括下列内容：

(1)账户名称(即会计科目)。

(2)日期(用以记录经济业务发生的日期)。

(3)凭证编号(表明账户记录所依据的凭证)。

(4)经济业务摘要(概括说明经济业务的内容)。

(5)增加额、减少额(说明经济业务的数量)。

(6)余额(包括期初余额和期末余额)。

账户一般格式如表2-5所示。

表 2-5　　　　账户名称(会计科目)

年		凭证编号	摘 要	增加金额	减少金额	余 额
月	日					

为便于说明问题,可将账户的核心部分简化为"T"字形,只保留左右两方,其他略去,将余额写在下方,其简化式账户结构如下:

左方　账户名称(会计科目)　右方

账户的左方和右方分别记录增加额和减少额。增减相抵的差额即为余额。因此,每个账户一般有四个金额要素,即期初余额、本期增加发生额、本期减少发生额和期末余额。本期增加发生额和本期减少发生额是指在一定的会计期间内,账户在左右两方分别登记的增加额合计和减少额合计。本期增加发生额和本期减少发生额相抵后的差额即为本期的期末余额。如果将本期的期末余额转入下一期,就是下一期的期初余额。每个账户的本期发生额反映的是该类经济业务内容在本期内变动的情况,而余额则反映变动的结果。正常情况下,账户四项金额要素的基本关系可以用下列等式来表示:

期末余额＝期初余额＋本期增加发生额－本期减少发生额

账户的左右两方是按相反方向来记录增加额和减少额的,也就是说,如果在账户左方记录增加额,则在账户右方记录减少额;反之,如果在账户右方记录增加额,则在账户左方记录减少额。在每一个具体账户的左右两方中,究竟哪一方记录增加额,哪一方记录减少额,取决于所采用的记账方法和账户所记录的经济业务内容。

第四节 复式记账原理

一、复式记账法

为了全面、连续、系统地核算和监督企业的经济活动所引起的会计要素增减变化及其结果，提供经营管理所需要的会计信息，除了设置会计科目、开设账户外，还需要采用一定的记账方法将会计要素的增减变动情况登记在账户中。所谓记账方法是指按照一定的规则，使用一定的符号，在账户中登记会计要素增减变动的方法。记账方法按记账方式的不同，可分为单式记账法和复式记账法两种。

单式记法是指对发生的每一项经济业务，只在一个账户中进行记录的记账方法。例如，用银行存款 2 000 元购买原材料的经济业务发生后，只在“银行存款”账户中记录一笔银行存款减少了 2 000 元，而不在“原材料”账户中记录原材料增加了 2 000 元。由此可见，采用单式记账法手续简单，没有设置完整的账户体系，不能全面、系统地反映经济业务发生而引起的会计要素增减变动及其结果，不便于检查账户记录的正确性，因而是一种不完整的记账方法。

复式记账法是指对发生的每一项经济业务，都以相等的金额，在相互联系的两个或两个以上账户中进行记录的记账方法。例如，用银行存款 2 000 元购买原材料。按照复式记账法的要求，必须以相等的金额，一方面要在“银行存款”账户中记录银行存款减少了 2 000 元，另一方面还要在“原材料”账户中记录原材料增加了 2 000 元。因此，与单式记账法相比较，复式记账法有两个明显的特点：

一是对于每一项经济业务，都要在两个或两个以上相互联系的账户中进行记录。因此，通过账户记录不仅可以全面、清晰地反映出经济业务的来龙去脉，而且还能通过会计要素的增减变动，全面、系统地反映经济活动的过程和结果。

二是由于每项经济业务发生后，都以相等的金额在有关账户中进行记录，因而便于核对账户记录，进行试算平衡，保证账户记录的正确性。

复式记账法是以会计恒等式为依据建立的一种记账方法，被公认为是一种科学的记账方法，为世界各国所广泛采用。

我国过去采用的复式记账法主要有借贷记账法、增减记账法和收付记账法。目前，我国企业、行政、事业单位采用的记账方法都是复式记账法中的借贷记账法。

我国《企业会计准则——基本准则》中明确规定我国统一采用借贷记账法。这是因为，借贷记账法经过数百年的锤炼，已被世界各国的会计工作者普遍接受，是一种公认的比较成熟、完善、科学的复式记账法。

二、借贷记账法

(一)借贷记账法的概念

借贷记账法是指以“借”、“贷”二字作为记账符号，以“有借必有贷，借贷必相等”作为记账规则，反映会计要素增减变动情况的一种复式记账方法。

(二)借贷记账法的记账符号

记账符号是指用来表示经济业务的增减变动和记账方向而规定使用的符号。借贷记账法以“借”、“贷”两字作为记账符号，分别作为账户的左方和右方。“借”表示记入账户的借方，“贷”表示记入账户的贷方，“借”和“贷”本身不具有任何内在的含义。在借贷记账法下，既不是“借”表示增加，“贷”表示减少，也不是相反。至于“借”和“贷”哪一方记增加，哪一方记减少，则取决于账户的性质及结构。

(三)借贷记账法下的账户结构

在借贷记账法下，账户的基本结构是：左方为借方，右方为贷方。但哪一方登记增加，哪一方登记减少，则要根据账户反映的经济内容决定，余额一般在登记增加的一方。

1. 资产类账户结构

资产类账户，借方登记资产的增加额，贷方登记资产的减少额，余额在借方，表示各项资产的结存额。

资产类账户的本期借方发生额合计是指一定期间(一个月、一个季度或一年)借方登记金额的合计；本期贷方发生合计是指一定期间(一个月、一个季度或一年)贷方登记金额的合计。

资产类账户的发生额与余额之间的关系用公式表示如下：

期末借方余额＝期初借方余额＋本期借方发生额合计－本期贷方发生额合计

上期的期末余额就是本期的期初余额。

资产类账户的基本结构如下：

借方　　　　资产类账户　　　　贷方

期初余额××× ①本期增加额××× ②本期增加额××× ……	 ①本期减少额××× ②本期减少额××× ……
本期发生额合计×××	本期发生额合计×××
期末余额×××	

2.负债及所有者权益类账户结构

负债及所有者权益类账户，贷方登记其增加额，借方登记其减少额，余额在贷方，表示负债及所有者权益的实际数额。

该类账户的发生额与余额之间的关系用公式表示如下：

期末贷方余额＝期初贷方余额＋本期贷方发生额合计－本期借方发生额合计

负债及所有者权益类账户的基本结构如下：

借方　　负债及所有者权益类账户　　贷方

	期初余额×××
①本期减少额×××	①本期增加额×××
②本期减少额×××	②本期增加额×××
……	……
本期发生额合计×××	本期发生额合计×××
	期末余额×××

3.成本、费用类账户结构

成本、费用类账户的结构与资产类账户的结构基本相同，账户的借方登记其增加额，贷方登记其减少额或转销额。由于借方登记的增加额一般都要通过贷方转出，该类账户通常期末没有余额。如果有余额，则一定为借方余额。

成本、费用类账户基本结构如下：

借方　　成本、费用类账户　　贷方

期初余额×××	
本期增加额×××	本期减少额或转销额×××
……	……
本期发生额合计×××	本期发生额合计×××

4.收入类账户结构

收入类账户的结构与负债及所有者权益类账户结构基本相同，账户的贷方登记其登记额，借方登记其减少额或转销额。由于贷方登记的增加额一般都要通过借方转出，该类账户通常期末没有余额。

收入类账户的基本结构如下：

借方	收入类账户 贷方
本期减少额或转销额×××	本期增加额×××
……	……
本期发生额合计×××	本期发生额合计×××

若将上述各类账户的结构归纳起来,可得到表 2-6。

表 2-6　　借贷记账法下各类账户的基本结构

账户类别	借方	贷方	余额方向
资产类	增加	减少	借方
负债类	减少	增加	贷方
所有者权益类	减少	增加	贷方
收入类	减少(或转销)	增加	一般无余额
成本类	增加	减少(或转销)	借方
费用类	增加	减少(或转销)	一般无余额

(四)借贷记账法的记账规则

借贷记账法的记账规则是:“有借必有贷,借贷必相等”。借贷记账法的记账规则是根据以下两个方面的原理来确定的:

一是根据复式记账的原理,对每一项经济业务都必须以相等的金额在两个或两个以上相互联系的账户中进行登记。

二是根据借贷记账法账户结构的原理,对每一项经济业务涉及金额的增减都必须以相反的方向进行登记。

因此,借贷记账法要求对每一项经济业务都要按借贷相反的方向,以相等的金额,在两个或两个以上相互联系的账户中进行登记。也就是说,对每一项经济业务,都要在记入一个账户借方的同时,记一个或几个账户的贷方;或者在记入一个账户贷方的同时,记入另一个或几个账户的借方。而且记入借方的金额必须等于记入贷方的金额。

在运用借贷记账法的记账规则登记经济业务时,一般应按以下两个步骤进行:首先应分析经济业务中所涉及的账户名称,并判断出账户的性质。然后根据上述分析,确定该项经济业务应记入相关账户的借方或贷方,以及各账户应记入的金额。

下面以大众公司 2010 年 6 月份发生的经济业务为例来说明借贷记账法的记

账规则。

【例 2-1】6 月 3 日公司从银行取得短期借款 50 000 元，存入银行。

这项经济业务的发生，一方面使公司的资产项目银行存款增加了 50 000 元，另一方面使公司的负债项目短期借款增加了 50 000 元。

因此，这项经济业务涉及“银行存款”和“短期借款”两个账户。根据账户结构的规定，“银行存款”账户应记入借方，同时，“短期借款”账户记入贷方。

其登记结果如下：

借	银行存款	贷
50 000		

借	短期借款	贷
		50 000

【例 2-2】6 月 8 日公司接受 A 公司投入资本 200 000 元，存入银行。

这项经济业务的发生，一方面使公司的资产项目银行存款增加了 200 000 元，另一方面使公司的所有者权益项目实收资本增加了 200 000 元。

因此，这项经济业务涉及“银行存款”和“实收资本”两个账户。根据账户结构的规定，“银行存款”账户应记入借方，同时，“实收资本”账户应记入贷方。

其登记结果如下：

借	银行存款	贷
200 000		

借	实收资本	贷
		200 000

【例 2-3】6 月 11 日公司以银行存款偿还前欠 B 公司的应付账款 80 000 元。

这项经济业务的发生，一方面使公司的资产项目银行存款减少了 80 000 元，另一方使公司的负债项目应付账款减少了 80 000 元。因此，这项经济业务涉及“银行存款”和“应付账款”两个账户。根据账户结构的规定，“应付账款”账户应记入借方，同时“银行存款”账户应记入贷方。

其登记结果如下：

借	应付账款	贷
80 000		

借	银行存款	贷
		80 000

【例 2-4】6 月 15 日公司从银行提取库存现金 100 000 元。

这项经济业务的发生,一方面使公司的资产项目库存现金增加了 100 000 元,另一方面使公司的资产项目银行存款减少了 100 000 元。因此,这项经济业务涉及“库存现金”和“银行存款”两个账户。根据账户结构的规定,“库存现金”账户应记入借方,同时“银行存款”账户应记入贷方。

其登记结果如下:

借　库存现金	贷
100 000	

借　银行存款	贷
	100 000

【例 2-5】6 月 20 日公司接到银行通知,已用公司存款支付水电费 3 500 元。

这项经济业务的发生,一方面使公司的费用项目管理费用增加了 3 500 元,另一方面使公司的资产项目银行存款减少了 3 500 元。因此,这项经济业务涉及“管理费用”和“银行存款”两个账户。根据账户结构的规定,“管理费用”账户应记入借方,同时,“银行存款”账户应记入贷方。

其登记结果如下:

借　管理费用	贷
3 500	

借　银行存款	贷
	3 500

【例 2-6】6 月 28 日公司销售产品取得销售收入 60 000 元,款项尚未收到(暂不考虑交纳的增值税)。

这项经济业务的发生,一方面使公司的资产项目应收账款增加了 60 000 元,另一方面使公司的收入项目主营业务收入增加了 60 000 元。因此,这项经济业务涉及“应收账款”和“主营业务收入”两个账户。根据账户结构的规定,“应收账款”账户应记入借方,同时,“主营业务收入”账户应记入贷方。

其登记结果如下:

借　应收账款	贷
60 000	

借　主营业务收入	贷
	60 000

通过上述例题，我们可以概括出采用借贷记账法可能遇到的情况，不管是资产类与负债及所有者权益类会计要素同增或同减的经济业务，还是在资产类会计要素内部或者负债及所有者权益类会计要素内部一增一减的经济业务，都适用于“有借必有贷，借贷必相等”的记账法则。

(五)账户对应关系

在运用借贷记账法时，根据借贷记账法的记账规则对每项经济业务都要在两个或两个以上的账户中进行登记，于是在有关账户之间便形成了应借、应贷的关系，我们把账户之间应借、应贷的相互关系，叫做账户对应关系，把存在这种对应关系的账户称为对应账户。

例如，企业用银行存款 3 000 元购买原材料。对这项经济业务要分别在“原材料”账户的借方和“银行存款”账户的贷方进行登记，这样，“原材料”和“银行存款”账户之间就发生了相互对应关系，两个账户就互为对应账户。

通过账户的对应关系可以了解经济业务的内容，检查账务处理是否正确，发生的经济业务是否合理、合法。

三、会计分录

会计分录是指标明某项经济业务应借、应贷账户及其金额的记录，简称分录。为了保证账户对应关系的正确性，登记账户前应先根据经济业务所涉及的账户及其借贷方向和金额编制会计分录，据以登记账户。会计分录的书写格式是先写“借”，后写“贷”，每一个会计科目各占一行，“借”、“贷”前后错位表示。

编制会计分录时，应遵循以下基本步骤：

(1)分析这项经济业务涉及的是资产、成本、费用，还是负债、所有者权益、收入。

(2)确定涉及哪些账户，是增加还是减少。

(3)根据账户的性质和结构，确定记入哪个账户的借方，哪个账户的贷方。

(4)根据借贷记账法的记账规则，确定应借、应贷账户是否正确，借贷方金额是否相等。

现以前面大众公司 6 月份发生的六笔经济业务为例，编制会计分录如下：

【例 2-1】借：银行存款　　50 000
　　贷：短期借款　　50 000

【例 2-2】借：银行存款　　200 000
　　贷：实收资本　　200 000

【例 2-3】借：应付账款　　80 000
　　　　　贷：银行存款　　80 000

【例 2-4】借：库存现金　　100 000
　　　　　贷：银行存款　　100 000

【例 2-5】借：管理费用　　3 500
　　　　　贷：银行存款　　3 500

【例 2-6】借：应收账款　　60 000
　　　　　贷：主营业务收入　　60 000

在实际工作中，会计分录是通过填制记账凭证来完成的。

根据会计分录所涉及账户数量的多少，可将会计分录分为简单会计分录和复合会计分录两种。简单会计分录是指仅涉及一个账户借方和另一个账户贷方的会计分录，即一借一贷的会计分录。

复合会计分录是指由两个以上（不含两个）对应账户所组成的会计分录，一般来说，复合会计分录可以分解为若干个简单会计分录，即一借多贷、一贷多借和多借多贷的会计分录。

【例 2-7】2010 年 6 月 30 日大众公司生产产品领用原材料 10 000 元，管理部门领用原材料 2 000 元，销售部门领用原材料 3 000 元。编制会计分录为：

借：生产成本　　10 000
　　管理费用　　2 000
　　销售费用　　3 000
　贷：原材料　　15 000

以上就是一笔复合会计分录，它是由三个借方账户与一个贷方账户相对应组成的。实际上复合会计分录是由几笔简单会计分录组成的。因而可将其分解为若干笔简单会计分录。如该例复合会计分录可分解为以下三笔简单会计分录：

借：生产成本　　10 000
　贷：原材料　　10 000
借：管理费用　　2 000
　贷：原材料　　2 000
借：销售费用　　3 000
　贷：原材料　　3 000

四、过账与试算平衡

(一)过账

过账就是根据会计分录,将经济业务转记于分类账的相关账户中。过账的过程就是要对企业发生的经济业务,按照记账凭证中会计分录的借贷方向和借贷金额,分类过记到相应的总分类账户和明细分类账户的借贷方栏目中,以便汇总反映该项科目在本期的增减变化情况。现将例 2-1 至例 2-7 的会计分录记入账户中。6 月 1 日,期初余额如表 2-7 所示。

表 2-7　　资产、负债及所有者权益期初余额表　　单位:元

资　产	金　额	负债及所有者权益	金　额
银行存款	50 000	短期借款	10 000
应收账款	80 000	应付账款	180 000
原材料	100 000	应交税费	80 000
长期股权投资	60 000	实收资本	110 000
固定资产	150 000	资本公积	60 000
合　计	440 000	合　计	440 000

将例 2-1 至例 2-7 的会计分录记入以下账户:

借　　银行存款　　贷

借	贷
期初余额 50 000	③80 000
①50 000	④100 000
②200 000	⑤3 500
本期发生额合计 250 000	本期发生额合计 183 500
期末余额 116 500	

借　　库存现金　　贷

借	贷
④100 000	
本期发生额合计 100 000	本期发生额合计 —
期末余额 100 000	

借　　应收账款　　贷

借	贷
期初余额 80 000	
⑥60 000	
本期发生额合计 60 000	本期发生额合计 —
期末余额 140 000	

借　　原材料　　贷

借	贷
期初余额 100 000	⑦15 000
本期发生额合计 —	本期发生额合计 15 000
期末余额 85 000	

长期股权投资

借	贷
期初余额 60 000	
本期发生额合计 60 000	本期发生额合计—
期末余额 60 000	

固定资产

借	贷
期初余额 150 000	
本期发生额合计—	本期发生额合计—
期末余额 150 000	

短期借款

借	贷
	期初余额 10 000 ①50 000
本期发生额合计—	本期发生额合计 50 000
	期末余额 60 000

应付账款

借	贷
③80 000	期初余额 180 000
本期发生额合计 80 000	本期发生额合计—
	期末余额 100 000

应交税费

借	贷
	期末余额 80 000
本期发生额合计—	本期发生额合计—
	期末余额 80 000

实收资本

借	贷
	期初余额 110 000 ②200 000
本期发生额合计 —	本期发生额合计 200 000
	期末余额 310 000

资本公积

借	贷
	期初余额 60 000
本期发生额合计—	本期发生额合计—
	期末余额 60 000

生产成本

借	贷
①10 000	
本期发生额合计 10 000	本期发生额合计—
期末余额 10 000	

管理费用

借	贷
⑤3 500 ⑦2 000	
本期发生额合计 5 500	本期发生额合计—
期末余额 5 500	

销售费用

借	贷
⑦3 000	
本期发生额合计 3 000	本期发生额合计—
期末余额 3 000	

借	主营业务收入 贷
	⑥60 000
本期发生额合计—	本期发生额合计 60 000
	期末余额 60 000

(二)试算平衡

企业在日常会计记录中可能会发生错记、重记、漏记的情况,从而影响到账户之间的平衡,为了检查本期会计分录过入总分类账户后借、贷双方金额是否相等,有无错记、漏记或重复记账的情况发生,必须进行试算平衡。

所谓试算平衡是指根据资产与权益之间的恒等关系和借贷记账法的记账规则,在一定时期终了时将所有账户的本期发生额和期末余额进行汇总计算,以检查所有账户记录是否正确的一种方法,包括发生额试算平衡和余额试算平衡两种方法。

从发生额来看,由于对任何经济业务都要根据“有借必有贷,借贷必相等”的记账规则编制会计分录,这样,不仅每一笔会计分录的借方和贷方发生额会相等,而且将一定时期内(一个月)的全部经济业务编制的会计分录记入相关账户后,所有账户的借方发生额合计数与贷方发生额合计数也必然相等。

从余额来看,由于借方余额的账户都是资产类账户,贷方余额的账户都是负债及所有者权益类账户,因此,根据“资产=负债+所有者权益”的恒等关系,所有账户借方余额的合计数必然与所有账户贷方余额的合计数相等。

所以,在借贷记账法下,试算平衡可用下列三个公式表示:

全部账户的本期借方发生额合计=全部账户的本期贷方发生额合计
全部账户的期初借方余额合计=全部账户的期初贷方余额合计
全部账户的期末借方余额合计=全部账户的期末贷方余额合计

现根据本章第二节大众公司 2010 年 6 月初资产与权益情况(表 2-7)和前述例 2-2 至例 2-8 的会计分录经过账后,编制试算平衡表如表 2-8 所示。

在编制试算平衡表时,通常应注意以下几个方面:

(1)必须保证所有账户的余额都已记入试算平衡表,并计算正确。

(2)如果试算平衡表中借贷金额不相等,可以肯定账户记录有错误,应认真查找原因,直到实现平衡为止。

(3)试算平衡表即使“期初余额”、“本期发生额”和“期末余额”都已平衡,也不能说明账户记录绝对正确,因为,有些账户记录错误并不会影响借贷双方的平衡关系。例如：

某项经济业务记错了账户，如应当记入“库存现金”账户的而误记入“银行存款”账户，借贷仍保持平衡；

漏记某项经济业务，会使本期借贷双方的发生额等额减少，借贷仍保持平衡；

重记某项经济业务，会使本期借贷双方的发生额等额增加，借贷仍保持平衡；

某项经济业务在账户记录中颠倒了记账方向，借贷仍保持平衡；

借方或贷方发生额中，偶尔发生多记和少记并相互抵消，借贷方仍保持平衡。

表 2-8　　　　大众公司试算平衡表

2010 年 6 月

账户名称	期初余额		本期发生额		期末余额	
	借方	贷方	借方	贷方	借方	贷方
库存现金			100 000		100 000	
银行存款	50 000		250 000	183 500	116 500	
应收账款	80 000		60 000		140 000	
原材料	100 000			15 000	85 000	
长期股权投资	60 000				60 000	
固定资产	150 000				150 000	
短期借款		10 000		50 000		60 000
应付账款		180 000	80 000			100 000
应交税费		80 000				80 000
实收资本		110 000		200 000		310 000
资本公积		60 000				60 000
生产成本			10 000		10 000	
管理费用			5 500		5 500	
销售费用			3 000		3 000	
主营业务收入				60 000		60 000
合　　计	440 000	440 000	508 500	508 500	670 000	670 000

复习思考题

一、单项选择题

1. 下列会计科目中属于流动负债类的是（　　）。

A. 应付票据　B. 预付账款　C. 累计摊销　D. 生产成本

2. 下列各项中，引起资产和权益同时减少的经济业务是（　　）。

A. 购入原材料，货款未付　B. 收到外单位投入设备一台

C. 以银行存款归还银行借款　D. 收回应收账款存入银行

3. 复式记账法对每项经济业务都要以相等的金额（　　）中进行。

A. 一个账户　B. 两个账户

C. 全部账户　D. 两个或两个以上相互联系的账户

4. 借贷记账法下的"借"表示（　　）。

A. 费用增加　B. 负债增加　C. 所有者权益增加　D. 收入增加

5. 下列错误中，能够通过试算平衡查找的有（　　）。

A. 重记经济业务　B. 漏记经济业务

C. 借贷方向相反　D. 借贷金额不等

6. 应收账款账户期初余额借方 2 000 元，本期借方发生额 8 000 元，本期贷方发生额 6 000 元，该账户的期末余额为（　　）。

A. 借方 4 000　B. 贷方 8 000　C. 借方 5 000　D. 贷方 5 000

7. 负债及所有者权益类账户的期末余额一般在（　　）。

A. 借方　B. 借方和贷方　C. 贷方　D. 借方或贷方

二、多项选择题

1. 下列各项目中属于资产的有（　　）。

A. 无形资产　B. 预收账款　C. 库存现金　D. 应收票据

2. 下列等式中属于正确的会计恒等式的有（　　）。

A. 资产＝权益　B. 收入－费用＝利润

C. 资产＋负债＝所有者权益　D. 资产＝负债＋所有者权益

3. 采用借贷记账法时，账户的贷方登记（　　）。

A. 资产的减少　B. 收入的减少

C. 成本、费用的减少　D. 负债及所有者权益的增加

4. 关于"从银行提取现金 1 000 元"这项经济业务，下列各观点中正确的是（　　）。

A. "库存现金"和"银行存款"两个账户互为对应账户

B. 应在“库存现金”账户借方登记 1 000 元，同时在“银行存款”账户贷方登记 1 000 元

C. 这项经济业务不会引起企业的资产和权益总额发生增减变化

D.“库存现金”和“银行存款”两个账户的余额一般在借方

5. 总分类账户与明细分类账户平行登记的要点是（ ）。

A. 对每笔经济业务，既要记入有关的总分类账户，又要在同一会计期间记入所属的明细分类账户

B. 对每笔经济业务，记入总分类账户的方向必须与记入所属的各明细分类账户的方向相同

C. 对每笔经济业务，记入总分类账户的金额必须与记入所属的各明细分类账户的金额之和相等

D. 对于某一企业来说，其全部总分类账户的本期发生额之和等于全部明细分类账户的本期发生额之和

三、判断题

1. 通过试算平衡检查账户账簿记录后，如果左右平衡就肯定没有记账错误。（ ）

2. 复合会计分录是由几个简单会计分录合并而成的。（ ）

3. 固定资产账户借方登记是固定资产的增加额。（ ）

4. 在发生经济业务时，单式记账法只在一个账户中登记，复式记账法则在两个账户中登记。（ ）

5. 企业在不违反国家统一会计制度的前提下，可以根据实际情况自行增设、减少或合并某些会计科目。（ ）

第三章 借贷记账法的应用

◆知识目标

1. 分析企业经营过程发生的经济业务。

2. 掌握账户的类别和结构。

3. 根据经济业务判断应使用的会计科目。

◆技能目标

1. 计算采购成本。

2. 归集和分配制造费用。

3. 计算完工产品成本。

4. 计算营业利润、利润总额、净利润。

5. 按规定程序分配利润。

6. 编制相应的会计分录。

案例导入

华兴油脂生产有限责任公司，是由王方、张笑、于明等五人共同组建的，2010年1月1日购入生产食用油的生产线一条30万元，购买所需的原料20万元，其他各种开支10万元。生产食用油投产后，于2010年6月1日第一批产品500桶(500克装)食用油生产出来待售。

[思考题]

1. 每桶油的成本是多少?

2. 每桶油应该定价多少?

3. 企业到底挣钱了还是亏损了?

4. 如何记录所发生的经济业务?

企业法人营业执照

注册号

名　　称

住　　所

法定代表人姓名　　注册资本

公司类型　　实收资本

经营范围

成立日期

营业期限　　年　月　日

图 3-1　企业法人营业执照(正本)

第一节　筹集资金业务的核算

【思考 3-1】工业企业中不同公司类型的注册资本分别要求为多少?

【思考 3-2】工业企业的注册资本与实收资本有何异同?

【思考 3-3】工业企业的注册资本可通过什么方式取得?

一、工业企业的资金运动

工业企业是从事工业产品生产和销售的营利性经济组织,为了从事生产经营活动,企业必须拥有一定数量的资金,用于建造厂房、购买机器设备、购买原材料、支付职工工资、支付经营管理过程中各种必要的开支等,生产出的产品经过销售后,收回的货款还要补偿生产经营过程中垫付的资金、偿还有关债务、上交税金等。只要企业的生产经营活动不停止,生产经营过程不中断,资金的存在形态就不断地发生变化，企业资金就始终处于运动之中。工业企业的资金运动包括资金的投入、资金的循环与周转、资金的退出三个过程。

(一)资金的投入

资金的投入是企业资金运动的起点，包括企业所有者投入的资金和债权人投入的资金两部分，前者属于企业所有者权益，后者属于企业债权人权益。投入企业的资金一部分构成流动资产（如货币资金、原材料等），另一部分构成非流动资产（如厂房、机器设备等）。

(二)资金的循环与周转

企业将资金运用于生产经营过程，就形成了资金的循环与周转。它又分为供应过程、生产过程、销售过程三个阶段。

1.供应过程

这是生产的准备过程。在这个阶段，为了保证生产的正常进行，企业需要以货币资金购买并储备原材料、辅助材料等劳动对象，要支付材料款、运输费、装卸费、保险费等各种费用，与供应单位发生货款的结算。同时，随着采购活动的进行，企业的资金从货币资金形态转化为储备资金形态。

2.生产过程

这是产品的制造过程，同时也是资产的耗费过程。在这个阶段，劳动者借助于劳动手段将劳动对象加工成特定的产品，企业要发生原材料等劳动对象的消耗、劳动力的消耗和固定资产等劳动手段的消耗等。

3.销售过程

这是产品价值的实现过程。在这个阶段，企业将生产的产品销售出去，取得销售收入，要发生货款结算等业务活动，资金从成品资金形态转化为货币资金形态。

由此可见，随着生产经营活动的进行，企业的资金从货币资金形态开始，依次在供应—生产—销售这三个过程中由货币资金形态—储备资金形态—生产资金形态—产品资金形态，最后又回到货币资金形态，这种运动过程称为资金的循环。资金周而复始地不断循环，称为资金周转。

(三)资金的退出

企业在生产经营过程中实现的利润，按规定向国家税务部门缴纳各种税款，还要按照有关合同或协议偿还购买原材料、机器设备等所欠款项、银行借款等，另外，还要按照企业章程或董事会决议向投资者分配股利或利润。这样，企业收回的货币资金中，用于交纳税金、偿还债务和向投资者分配股利或利润的这部分资金就退出了企业的资金循环与周转，剩余的资金则留在企业，继续用于企业的再生产过程。

上述资金运动的三部分内容，构成了开放式的运动形式，是相互支撑、相互制约的统一体。没有资金的投入，就不会有资金的循环与周转；没有资金的循环与周转，就不会有资金的退出，就不会有新一轮资金的循环。

二、筹集资金过程的核算内容

企业进行生产经营活动必须拥有一定数量的资金，以便购买材料物资和生产经营活动所需设备，还应备有足够量的日常所需流动资金等。企业资金的来源渠道主要有两条：一是从投资者处筹集的资金，即投资者投入的资本，称之为实收资本（或股本），形成了企业的所有者权益；二是从债权人处筹集的资金，对筹资企业来说，属于企业的负债，如向银行借入的各种借款，企业发行债券所收到的债券款。

企业资金的筹集业务主要有接受投入资本业务、借入资金业务和发行债券业务等，因此，资金筹集核算的主要内容包括两个部分，即投资人投入资本的核算与借入资金的核算。

三、投入资本的核算

（一）账户设置

1. 库存现金

库存现金，资产类账户，通常核算存放于企业财会部门、由出纳人员经管的货币。借方反映库存现金的收入，贷方反映库存现金的支出，余额在借方，表示库存现金的余额。明细分类核算是通过设置现金日记账进行的。

2. 银行存款

银行存款，资产类账户，核算企业存放在银行或其他金融机构的货币资金。借方反映银行存款的收入，贷方反映银行存款的支出，余额在借方，表示银行存款的余额。明细分类核算是通过设置银行存款日记账进行的。

按照中国有关规定，凡是独立核算的单位都必须在当地银行开设账户。企业在银行开设账户以后，除按核定的限额保留库存现金外，超过限额的现金必须存入银行；除了在规定的范围内可以用现金直接支付的款项外，在经营过程中发生的一切货币收支业务，都必须通过银行存款账户进行核算。

3. 固定资产

固定资产，资产类账户，核算和监督企业固定资产原价的增减变动情况及结余的账户。借方登记固定资产的增加额，贷方登记固定资产的减少额；期末余额在借方，表示企业固定资产的实有数额。

可按固定资产类别和项目进行明细核算。

企业收到以房屋、建筑物、机器设备等固定资产方式投入的资本，应按投资合同或协议约定价值确定固定资产价值和在注册资本中应享有的份额。

4.无形资产

无形资产，资产类账户，核算和监督企业无形资产增减变动情况及结余的账户。借方登记无形资产的增加额，贷方登记无形资产的减少；期末余额在借方，表示企业无形资产的实有数额。

可按无形资产项目进行明细核算。

企业收到以无形资产方式投入的资本，应按投资合同或协议约定价值确定无形资产价值和在注册资本中应享有的份额。

5.实收资本

实收资本，所有者权益类账户，核算企业的投资者投入资本的增减变动情况及其结果的账户。贷方登记企业实际收到的投资人投入的资本，借方登记资本的减少额；期末余额在贷方，表示期末的投入资本的实有数额。

可按投资者进行明细分类核算。

企业收到的所有者投资都应按实际投资数额入账。以货币资金投资的，应按实际收到的款项作为投资者的投资入账；以实物形式投资的，按双方认可的估价数额作为实际投资额入账。

(二)主要经济业务核算

【例 3-1】某企业收到国家投入的 60 000 元，款项存入银行。

借：银行存款　　60 000
　贷：实收资本——国家投入　　60 000

【例 3-2】收到鸿运公司作为投资投入的全新生产设备一台，该设备的价值为 80 000 元，增值税 13 600 元，并取得增值税专用发票。

借：固定资产　　80 000
　　应交税费——应交增值税(进项税额)　　13 600
　贷：实收资本——鸿运公司　　93 600

【例 3-3】收到方正公司作为投资投入七成新的设备一台，设备的原值为 80 000 元，该设备双方合同约定的价值为 56 000 元，没有取得增值税专用发票。

借：固定资产　　56 000
　贷：实收资本——方正公司　　56 000

【例 3-4】某企业收到众和公司作为投资投入的商标权，双方约定的价值为90 000 元。

借：无形资产——商标权　　　　　　　　　　　　　　90 000

　贷：实收资本——众和公司　　　　　　　　　　　　　90 000

四、借入资金的核算

企业在生产经营过程中，有时会出现资金不足的现象，为弥补周转资金的不足，还会向银行或其他金融机构借入归还期限长短不同的借款。因此，借入资金的核算也主要包括短期借款、长期借款及应付债券的核算。企业不论以何种形式借入的款项都必须按照规定的用途使用，按照规定的期限还本付息。

(一)账户设置

1. 短期借款

短期借款，负债类账户，核算从银行或其他金融机构等借入的期限在一年以下(含一年)的各种借款的取得及归还情况。贷方登记取得贷款的本金数额，借方登记归还借款的本金数额，期末余额在贷方，表示期末尚未偿还的短期借款。

可按贷款人、借款种类和币种进行明细核算。

2. 长期借款

长期借款，负债类账户，核算从银行或其他金融机构借入的期限在一年以上(不含一年)的各种借款的借入、借款利息的结算和借款本金利息的归还情况。贷方登记长期借款本息的增加额，借方登记长期借款本息的减少额，期末余额在贷方，表示期末尚未归还的长期借款。

可按贷款单位和贷款种类，分别设本金、应计利息、利息调整进行明细核算。

3. 财务费用

财务费用，损益类账户，核算企业为筹集生产经营所需资金等而发生的费用，包括利息支出(减利息收入)、汇兑损失(减汇兑收益)以及相关的手续费等内容。该账户的借方登记企业发生的各种财务费用；贷方登记企业发生的应冲减财务费用的利息收入等；期末，该账户的余额应全部转入“本年利润”账户，结转后该账户应无余额。

该账户应按照费用项目进行明细分类核算。

4. 应付利息

应付利息，负债类账户，核算企业按照规定从成本、费用中预提但尚未实际支付的借款利息。该账户的贷方登记预提计入本期资产成本或损益的借款利息；借方登记实际支付的数额；期末余额一般在贷方，表示已经预提但尚未实际支付的借款利息余额。

(二)主要经济业务核算

【例 3-5】某企业 1 月 1 日从银行借入款项 100 000 元,期限 6 个月,年利率 12%,利息每季结算一次,所借款项已存入银行。

(1)1 月 1 日取得短期借款时:

借:银行存款　　100 000

　贷:短期借款　　100 000

(2)1 月 31 日预提短期借款利息时:

借:财务费用　　1 000

　贷:应付利息　　1 000

(3)3 月 30 日偿还第一季度短期借款利息时:

借:应付利息　　3 000

　贷:银行存款　　3 000

(4)6 月 30 日偿还短期借款本金及第二季度的利息时:

借:短期借款　　100 000

　　应付利息　　3 000

　贷:银行存款　　103 000

【例 3-6】某企业 2011 年 1 月 1 日从银行借入款项 90 000 元,期限 2 年,年利率 8%,到期一次还本付息,该企业按年计提利息,所借款项已存入银行。

(1)1 月 1 日取得短期借款时:

借:银行存款　　90 000

　贷:长期借款——本金　　90 000

(2)12 月 31 日计提长期借款利息时:

借:财务费用　　7 200

　贷:长期借款——应计利息　　7 200

(3)2012 年 12 月 31 日计提长期借款利息分录同(2)。

(4)2012 年 12 月 31 日偿还长期借款本金及两年的利息时:

借:长期借款——本金　　100 000

　　长期借款——应计利息　　14 400

　贷:银行存款　　114 400

第二节 供应过程业务的核算

表 3-1 **新疆增值税专用发票**

No.000143642

43000204521 开票日期:2011 年 8 月 18 日

购货单位	名称:国祥有限责任公司 纳税人识别号:431103748241899 地址:乌鲁木齐市文化路 25 号 电话:0991-2225441 开户行及账号:乌鲁木齐市工商银行文化路支行 1901011009225990886	密码区	24—1<9—7—61596284 加密版本:01 8<2>9/29533—4974 16263024>82906—2 43000204521 —47—6<7>2 * —/> * >6/

货物或应税劳务名称	规格型号	单 位	数 量	单 价	金 额	税率	税 额
甲材料		千克	10 000	3	30 000.00	17%	5 100.00
乙材料		千克	1 000	10	10 000.00	17%	1 700.00
合 计							
价税合计(大写)	⊗肆万陆仟捌佰元整				(小写)¥46800.00		

销货单位	名称:西安光达公司 纳税人识别号:43018110286666 地址:乌鲁木齐市解放路 5 号 电话:0991-5224088 开户行及账号:乌鲁木齐市工商银行中心支行 4401011009226965874	备注	

第二联:发票联

收款人:王明明 复核:刘小军 开票人:李程明 销货单位(章)

表 3-2 **新疆公路、内河货物运输业统一发票(代开)**

开票日期: 2011 年 8 月 18 日 No. 34501002956

机打代码 机器编号	00295632 20062579	税控码		
收货人及纳税人识别号	国祥有限责任公司 431103748241898	承运人及纳税人识别号	乌市顺风汽车运输队 465280[illegible]04065267	
运输项目及金额	公路货物运输 2 000.00	其他及金额	备注(手写无效) 代开单位盖章	
运费小计	¥2 000.00	其他费用小计	¥0.00	
合计(大写)	⊗贰仟元整		(小写)¥2 000.00	
代开单位及代号	乌鲁木齐市地方税务局 345010900	扣缴税额、税率 完税作证号码	33.00(税率)6.6% 20040980391	

第二联 发票联

开票人:方庆国

【思考 3-4】表 3-1 所列示的增值税额如何进行账务处理?

【思考 3-5】表 3-2 所列示的运输费用如何进行账务处理?

【思考 3-6】甲、乙两种材料的采购成本如何确定?

一、供应过程的核算内容

供应过程包括材料采购、验收入库,直至投入生产为止的全过程。供应过程的主要任务是通过材料采购,形成生产储备,以保证企业生产经营的正常进行。

材料采购成本就是由材料的买价和采购费用共同构成的。在材料的采购过程中发生的运输费、保险费、装卸费、运输途中发生的合理损耗以及入库前的挑选整理等费用统称为采购费用。在材料采购过程中,除核算材料的买价、采购费用外,还必须核算因材料采购而发生的增值税的进项税额。材料经采购并完成验收入库后,进入储备阶段,然后根据生产需要领用。由此可以看出,供应过程会计核算的主要内容包括材料采购的核算、增值税进项税额的核算,材料采购成本的计算以及结算业务。

二、账户设置

1. 原材料

原材料,资产类账户,核算和监督企业库存材料的收入、发出及结存的账户。借方登记入库材料的实际成本;贷方登记出库材料的实际成本;期末余额在借方,表示库存材料的实有数额。已验收入库的材料才可使用该账户。

可按材料的保管地点(仓库)、材料类别、品种、规格进行明细核算。

2. 在途物资

在途物资,资产类账户,核算企业采用实际成本进行日常核算、货款已付或已开出、承兑商业汇票但尚未验收入库的各种物资(即在途物资)的采购成本。借方登记购入材料的买价、运杂费、运输途中的合理损耗、入库前的挑选整理费用和应由购入材料负担的其他费用;贷方登记结转入库材料的实际采购成本;期末余额在借方,表示企业在途材料的采购成本。

可按供应单位和物资品种进行明细核算。

3. 应付账款

应付账款,负债类账户,核算企业因购买材料、商品、接受劳务等经营活动应支付的款项。贷方登记企业因购买材料、商品、接受劳务等应付而未付的款项;借方登记已偿还的应付款项;余额在贷方,表示尚未偿还的款项。

可按债权人进行明细核算。

4.应付票据

应付票据,负债类账户,核算企业因购买材料、商品、接受劳务供应等开出、承兑的商业汇票,包括银行承兑汇票和商业承兑汇票。贷方登记开出、承兑的商业汇票;借方登记到期付款或转出的商业汇票;余额在贷方,表示尚未到期的商业汇票。

可按债权人进行明细核算。企业应设置“应付票据备查簿”,详细登记商业汇票的种类、号数、出票日期、到期日、票面金额、交易合同号、收款人姓名或单位名称以及付款日期和金额等资料。应付票据到期结清时,应当在备查簿内应予注销。

5.预付账款

预付账款,资产类账户,核算企业按照合同规定预付的款项。借方登记企业因购货而预付或补付给供应单位的货款;贷方登记所购货物或接受劳务的金额及退回多付的款项;期末余额在借方,表示企业预付的款项;期末余额在贷方,表示企业尚未补付的款项。

可按供应单位进行明细核算。

6.应交税费

应交税费,负债类账户,核算企业应交纳的各种税金,包括增值税、消费税、营业税、所得税和资源税等。贷方登记应交纳的税金数;借方登记已交纳的税金数;期末余额在贷方为应交未交的税金数;期末余额在借方为多交或未抵扣的税金数。可按税种设置明细账。

为了核算企业在购销过程中发生的增值税,“应交税费”账户下应设“应交增值税”明细账户,借方登记采购材料支付的进项税额和实际已交纳的增值税;贷方登记销售货物应交纳的销项税额;期末借方余额表示多上交或尚未抵扣的增值税;期末贷方余额表示尚未交纳的增值税。

增值税是指对我国境内销售货物、进口货物、或提供加工、修理修配劳务的增值额征收的一种流转税。增值税的纳税人是在我国境内销售货物、进口货物或提供加工、修理修配劳务的单位和个人。按照纳税人的经营规模及会计核算的健全程度,增值税纳税人分为一般纳税人和小规模纳税人。

增值税采用比例税率,设计了基本税率、低税率、零税率三档税率。增值税基本税率为17%,低税率为13%,针对出口货物(国家另有规定的除外)税率为零。小规模纳税人实行3%～6%征收率。

三、经济业务核算

【例 3-7】 东方公司从 A 企业购入 1 号材料、2 号材料一批，增值税专用发票上注明 1 号材料数量 10 吨，单价 1 000 元，货款为 10 000 元，增值税额为 1 700 元；2 号材料数量 10 吨，单价 2 000 元，货款为 20 000 元，增值税额为 3 400 元。东方公司开出转账支票一张，将 35 100 元的货款与增值税全部付清，材料已验收入库。

借：原材料——1 号材料	10 000	
——2 号材料	20 000	
应交税费——应交增值税(进项税额)	5 100	
贷：银行存款		35 100

【例 3-8】 东方公司发生如下经济业务：

(1)从 B 企业购入 3 号材料 1 000 千克，单价 20 元，货款为 20 000 元；增值税率为 17%，货款和税款已用银行存款支付，并以现金支付运输费 600 元(不考虑增值税)。材料尚未验收入库。

借：在途物资——3 号材料	20 600	
应交税费——应交增值税(进项税额)	3 400	
贷：银行存款		24 000

(2)3 号材料到达并验收入库，账务处理如下：

借：原材料——3 号材料	20 600	
贷：在途物资——3 号材料		20 600

对于材料已到并验收入库，但发票账单等结算凭证未到，货款尚未支付的采购业务，在期末时，应按材料的暂估价，待下月初作相反分录冲回，等收到发票账单后，再根据实际金额进行账务处理。

【例 3-9】 东方公司从 C 企业购入 4 号材料 200 千克，单价 400 元，货款为 80 000 元；增值税率 17%，货物到达并已验收入库，月末发票账单尚未收到。

(1)在期末，应按材料的暂估价，账务处理如下：

借：原材料——4 号材料	80 000	
贷：应付账款——暂估应付款		80 000

(2)下月初作相反分录冲回：

借：应付账款——暂估应付款	80 000	
贷：原材料——4 号材料		80 000

(3)收到发票账单时：

借：在途物资——4 号材料　　80 000
　　应交税费——应交增值税(进项税额)　　13 600
　贷：应付账款——C 企业　　93 600

(4)支付款项时：

借：应付账款——C 企业　　58 500
　贷：银行存款　　58 500

【例 3-10】东方公司从 E 企业购入 5 号材料 100 吨，每吨 100 元，增值税率 17%，材料已验收入库。开出商业承兑汇票一张，期限 6 个月。

借：原材料——5 号材料　　10 000
　　应交税费——应交增值税(进项税额)　　1 700
　贷：应付票据——E 企业　　11 700

【例 3-11】2011 年 9 月 17 日，东方公司以银行存款预付给 F 企业购 6 号材料款 20 000 元。9 月 27 日收到 F 企业发来的 6 号材料 3 000 千克，10 元/千克，增值税率为 17%，材料已验收入库。10 月 1 日以银行存款支付所欠 F 企业购料款15 100 元。

(1)2011 年 9 月 17 日，划转款项时：

借：预付账款——F 企业　　20 000
　贷：银行存款　　20 000

(2)2011 年 9 月 27 日，材料验收入库时：

借：原材料——6 号材料　　30 000
　　应交税费——应交增值税(进项税额)　　5 100
　贷：预付账款——F 企业　　35 100

(3)2011 年 10 月 1 日，支付 F 企业购料款时：

借：预付账款——F 企业　　15 100
　贷：银行存款　　15 100

【例 3-12】B 企业于 2011 年 12 月 20 日向华兴报业预付下年度的报刊费用6 000 元。

借：预付账款——华兴报业　　6 000
　贷：银行存款　　6 000

该业务在 2012 年度时，按受益期逐月予以分摊，账务处理如下：

借：管理费用　　500
　贷：预付账款——华兴报业　　500

四、供应过程材料采购成本的计算

材料是工业企业生产不可缺少的物质要素，购买和储存所需的材料物资是每个企业正常的生产经营活动。企业在购买材料过程中需要按合同和结算制度支付货款及支付因购货而发生的运输费、装卸费和入库前的整理挑选费用等采购费用。采购成本是指企业在采购材料过程中所发生的费用，包括买价和采购费用。

(一)材料采购成本的内容

(1)买价，即购货发票上所开列的货款金额(一般纳税人企业不包括增值税的进项税额)。

(2)运杂费，具体包括运输费、装卸费、保险费等。

(3)运输途中的合理损耗。

(4)入库前的整理挑选费。

(5)所购材料负担的其他费用。

(二)材料采购成本的计算方法

1.购进材料不需分配采购费用的核算

企业在采购材料时，如果所购材料只发生买价，没有发生采购费用，其材料的采购成本即为买价；如果所购材料发生的采购费用，采购费用与买价合并直接确认为该种材料的采购成本。

【例 3-13】东方公司从 G 企业购入甲材料 1 000 千克，单价 3 元，进项税额 510 元，甲材料运杂费 400 元(暂不考虑税款)，签发已承兑的银行承兑汇票一张，价值 3 910 元；以银行存款支付甲材料入库前的整理挑选费 600 元。

借：在途物资——甲材料	3 400
应交税费——应交增值税(进项税额)	510
贷：应付票据	3 910
借：在途物资——甲材料	600
贷：银行存款	600

当上述所购材料入库时，按实际成本转入“原材料”账户：

借：原材料——甲材料	4 000
贷：在途物资——甲材料	4 000

2.购进一种以上材料需分配采购费用的核算

企业在采购材料时，如果购进一种以上材料既有买价又有共同采购费用，为此所发生的采购费用，因其受益对象为同时所购多种材料共同耗费的，我们称之为共耗采购费用。对于发生的共耗采购费用，需要选择合理的分配标准（如材料物资的重量、买价等）在各受益对象之间进行分配核算，首先计算采购费用分配率，然后根据分配率计算各种材料应承担的采购费用。明确每种材料的采购费用后，与其买价合并确认该种材料的采购成本。共耗采购费用的分配计算方法如下：

$$采购费用分配率=\frac{需分配采购费用总额}{各分配标准之和}$$

$$某种材料应分摊的采购费用=采购费用分配率\times该种材料的分配标准$$

【例 3-14】国祥有限责任公司从西安光达公司购入材料一批，其中甲材料 10 000 千克，单价 3 元，乙材料 2 000 千克，单价 10 元，进项税额 8 500 元（50 000×17%）（表 3-3）；甲、乙材料共同运杂费 3 600 元（表 3-4，暂不考虑税款）；货款尚欠，但运输费用已用银行存款支付（表 3-5）；材料运到并验收入库（表 3-6）。本例中运杂费要求按材料重量进行分配。

表 3-3

新疆增值税专用发票

No. 614913

43000204521　　　　发票联　　　　开票日期：2011 年 8 月 18 日

购货单位：
名称：国祥有限责任公司
纳税人识别号：431103748241899
地址：乌鲁木齐市文化路 25 号
电话：0991-2625441
开户行及账号：乌鲁木齐市工商银行文化路支行 1901011009225990886

密码区：
24－1＜9－7－61596284
加密版本：01
8＜2＞9/29533－4974
16263024＞82906－2
43000204521
－47－6＜7＞2＊－/＞＊＞6/

货物或应税劳务名称	规格型号	单位	数量	单价	金额	税率	税额
甲材料		千克	10 000	3	30 000.00	17%	5 100.00
乙材料		千克	2 000	10	20 000.00	17%	3 400.00
合　计							
价税合计（大写）	⊗伍万捌仟伍佰元整				（小写）￥58 500.00		

第二联：发票联

销货单位：
名称：西安光达公司
纳税人识别号：43018110286666
地址：乌鲁木齐市解放路 5 号
电话：0991－5224088
开户行及账号：乌鲁木齐市工商银行中心支行 4401011009226965874

备注：

收款人：王明明　　复核：刘庆军　　开票人：李明　　销货单位（章）

表 3-4 **新疆公路、内河货物运输业统一发票(代开)**

开票日期: 2011 年 8 月 18 日 No. 34501002956

机打代码 机器编号	00295632 20062579	税控码		
收货人及纳税人识别号	国祥有限责任公司 431103748241898	承运人及 纳税人识别号	乌市顺风汽车运输队 465280104065267	
运输项目及金额	公路货物运输 3 600.00	其他及金额		备注(手写无效) 代开单位盖章
运费小计	￥3 600.00	其他费用小计	￥0.00	
合计(大写)	⊗叁仟陆佰元整		(小写)￥3 600.00	
代开单位及代号	乌鲁木齐市地方税务局 345010900	扣缴税额、税率 完税作证号码	33.00(税率)6.6% 20040980391	

第二联 发票联

开票人:方志程

表 3-5

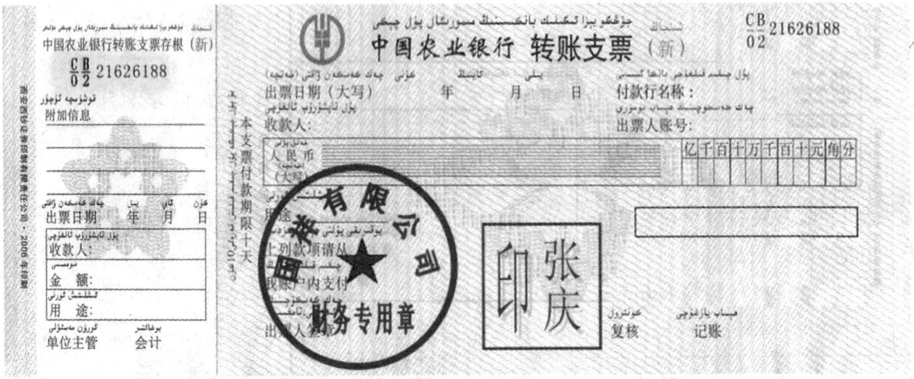

表 3-6 **收料单**

供应单位:西安光达公司

发票号码:No:000143643 2011 年 8 月 18 日 0001896

材料名称	数量		实际成本(元)													
	应收	实收	单位	单价	发票金额	运杂费	合计									
							千	百	十	万	千	百	十	元	角	分
甲材料	10 000	10 000	千克	3.3	30 000	3 000			￥	3	3	0	0	0	0	0
乙材料	2 000	2 000	千克	10.3	20 000	600			￥	2	0	6	0	0	0	0
合 计	伍万叁仟陆佰元整								￥	5	3	6	0	0	0	0

第二联:记账

会计:张小红 出纳:汪华 复核:李力 记账:张路可 制单:王秀

甲、乙两种材料的买价可以直接记入甲、乙材料的采购成本，但支付的运杂费 3 600 元(暂不考虑税款)需要采用一定的标准在两种材料之间进行分配。本例按材料重量进行分配，甲材料 10 000 千克，乙材料 2 000 千克，则

$$运输费用的分配率=\frac{3\ 600}{10\ 000+2\ 000}=0.3(元/千克)$$

甲材料应分摊的运杂费＝10 000×0.3＝3 000(元)

乙材料应分摊的运杂费＝2 000×0.3＝600(元)

甲材料的采购成本＝10 000×3＋3 000＝33 000(元)

乙材料的采购成本＝2 000×10＋600＝20 600(元)

甲材料的单位采购成本＝33 000÷10 000＝3.30(元/千克)

乙材料的单位采购成本＝20 600÷2 000＝10.30(元/千克)

甲乙两种材料的采购成本计算单如表 3-7 所示。

表 3-7 材料采购成本计算单 单位：元

材料名称	单位	数量	单价	买价	运杂费(分配率：0.3)	总成本	单位成本
甲材料	千克	10 000	3	30 000	3 000	33 000	3.30
乙材料	千克	2 000	10	20 000	600	20 600	10.3
合 计	—	12 000	—	50 000	3 600	53 600	—

(1)采购材料，根据所提供的表 3-3，账务处理如下：

借：在途物资——甲材料 30 000

——乙材料 20 000

应交税费——应交增值税(进项税额) 8 500

贷：应付账款——西安光达公司 58 500

(2)支付运费，根据所提供的表 3-4 和表 3-5，账务处理如下：

借：在途物资——甲材料 3 000

——乙材料 600

贷：银行存款 3 600

(3)材料验收入库，按实际成本转入“原材料”账户。根据所提供的表 3-6，账务处理如下：

借：原材料——甲材料 33 000

——乙材料 20 600

贷：在途物资——甲材料　　33 000

——乙材料　　20 600

第三节　生产过程业务的核算及产品制造成本的计算

表 3-8

领　料　单

编号：

领料部门：第一基本生产车间　　2011 年 9 月 6 日　　发料仓库：材料仓库

材料类别	名称及规格	计量单位	数量	单价	金额	用　途
材料	A 材料	千克	8 000	10.00	80 000	生产甲、乙产品
	B 材料	千克	400	50.00	40 000	生产甲、乙产品
	C 材料	千克	660	10.00	6 600	车间、管理部门
合　计		千克	9 060		126 600	

记账联

仓库主管：陆小元　　发料人：卡比西　　领料部门主管：张牧笛　　领料人：董玉

表 3-9

入　库　单

2011 年 9 月 30 日　　No. 045301

供货单位：东方公司							实际成本								
编号	材料名称	规格	送验数量	实收数量	单位	单价	金额								
							百	十	万	千	百	十	元	角	分
	甲产品		1 000	1 000	千克	195.40	¥	1	9	5	4	0	0	0	0
	乙产品		800	250	千克	130.00	¥	1	0	4	0	0	0	0	0
合　计							¥	2	9	9	4	0	0	0	0
备注：							附单据 2 张								

第二联　送会计部门

主管：冯波　　会计：蒽成　　保管：张磊　　复核：　　验收：张志强

【思考 3-7】"领料单"与"入库单"(表 3-8、表 3-9)所表达的业务内容有何区别与联系？

【思考 3-8】"领料单"与"入库单"所表述的经济业务如何进行账务处理？

【思考 3-9】甲产品、乙产品的成本是如何核算的？

一、生产过程核算的主要内容

工业企业的生产过程是劳动者通过劳动资料对劳动对象进行加工的过程。企业把发生的各种耗费也称之为生产费用,具体包括劳动对象的耗费,如各种材料、辅助材料的消耗等;劳动资料的耗费,如厂房、机器设备等固定资产的折旧费;活劳动的耗费,如支付的职工工资以及计提的职工福利费;其他耗费,支付的生产部门办公费、水电费等。应将生产费用按照一定的程序和方法进行归集,选择合理的分配标准在受益对象之间进行分配,即将生产费用予以对象化,计算出各种完工产品的成本。因此,生产过程主要核算业务就是各项生产费用的耗费及产品成本的计算。

二、材料耗费的核算

核算生产过程中各种材料、辅助材料的消耗应设置以下账户:

1.生产成本

生产成本,成本类账户,是核算产品生产过程中所发生的各项费用,确定产品实际生产成本,并反映产品资金占用情况的账户。其借方登记应记入产品生产成本的各项费用,包括直接记入产品生产成本的直接材料和直接人工费以及分配记入产品生产成本的制造费用;贷方登记完工入库产品的生产成本;期末余额在借方,表示尚未完工的各种在产品的实际成本。

企业可按基本生产成本和辅助生产成本进行明细核算。企业生产多种产品时,“基本生产成本”下可按产品品种进行三级明细核算。

“生产成本”账户的结构如下:

借方　　　　生产成本	贷方
直接材料费用 直接人工费用 其他直接支出 期末转入的制造费用	结转完工入库产成品的生产成本
余额:尚未完工入库的在产品成本	

2.制造费用

制造费用,成本类账户,是归集和分配企业生产车间(部门)为生产产品和提供劳务而发生的各项间接费用的账户。其借方登记企业为生产产品和提供劳务而发生的各项间接费用,包括生产车间管理人员的工资和福利费等职工薪酬、生产车间计提的机器设备和车间厂房等固定资产折旧与修理费、发生季节性停工损失、生产车间支付的办公费、水电费、机物料消耗、劳动保护费等;贷方登记期末应转入“生产成本”账户的由各种产品负担的制造费用;该账户月末一般没有余额。

企业可按不同生产车间、部门和费用项目进行明细核算。

3. 管理费用

管理费用,损益类账户,核算企业为组织和管理生产经营所发生的各项费用,如行政管理部门职工工资及福利费、物料消耗、管理用固定资产的折旧费和修理费、办公费、水电费、差旅费、业务招待费等。借方登记当月发生的各项管理费用,贷方登记期末转入“本年利润”账户的管理费用,结转后该账户一般无余额。

该账户可按费用项目进行明细分类核算。

【例 3-15】企业生产甲、乙两种产品,9 月份发生以下产品生产业务:当月领用的材料和用途见表 3-10 及表 3-11。

表 3-10　　领　料　单　　编号:

领料部门:第一基本生产车间　　2011 年 9 月 6 日　　发料仓库:材料仓库

材料类别	名称及规格	计量单位	数量	单价	金额	用　途
材料	A 材料	千克	8 000	10.00	80 000	生产甲、乙产品
	B 材料	千克	400	50.00	40 000	生产甲、乙产品
	C 材料	千克	660	10.00	6 600	车间、管理部门
合　计		千克	9 060		126 600	

记账联

仓库主管:陆小元　　发料人:卡比西　　领料部门主管:张牧笛　　领料人:董玉

表 3-11　　材料用途表　　单位:元

材料名称	生产甲产品	生产乙产品	车间一般耗用	管理部门领用	合计
A 材料	60 000	20 000			80 000
B 材料	30 000	10 000			40 000
C 材料			5 000	1 600	6 600
合　计	90 000	30 000	5 000	1 600	126 600

借:生产成本——甲产品　　90 000

　　　　　　乙产品　　30 000

　　制造费用　　5 000

　　管理费用　　1 600

　贷:原材料——A 材料　　80 000

　　　　　——B 材料　　40 000

　　　　　——C 材料　　6 600

三、人工耗费的核算

人工耗费的核算中会涉及“应付职工薪酬”账户。应付职工薪酬属于负债类账户，是用以核算企业根据有关规定应付给职工的各种薪酬。该账户贷方登记已分配计入有关成本费用项目的职工薪酬数额；借方登记实际发放职工薪酬的数额；月末按照一定标准分配记入有关成本费用账户的应付工资；该账户期末贷方余额，表示企业应付未付的职工薪酬。

该账户应按职工类别、工资额组成内容设置明细账进行明细核算。

对于应付的工资额，还应当按其用途分配记入有关费用、成本账户。对于生产工人的工资费用，应借记“生产成本”账户；车间管理人员的工资费用，应借记“制造费用”账户；管理部门人员的工资费用，应借记“管理费用”账户。

【例 3-16】企业 10 月份应付工资总额为 130 000 元，其中，生产甲产品工人工资 70 000 元，生产乙产品工人工资 50 000 元，车间管理人员工资 5 000 元，企业管理人员工资 5 000 元。

借：生产成本——甲产品　　70 000
　　　　　　——乙产品　　50 000
　　制造费用　　5 000
　　管理费用　　5 000
　贷：应付职工薪酬——工资　　130 000

【例 3-17】用银行存款 130 000 元发放职工工资。

借：应付职工薪酬——工资　　130 000
　贷：库存现金　　130 000

【例 3-18】企业下设一个职工食堂，企业每月根据职工所在岗位、人数、历史经验数据和实际物价水平等情况，按照每人每月 100 元的标准计算补贴食堂的金额。8 月份企业在岗人数 118 人，其中：甲产品生产工人 60 人，乙产品生产工人 30 人，车间管理人员 16 人，企业管理人员 12 人。

借：生产成本——甲产品　　6 000
　　　　　　——乙产品　　3 000
　　制造费用　　1 600
　　管理费用　　1 200
　贷：应付职工薪酬——职工福利　　11 800

【例 3-19】月末，企业按国家规定标准计算本月应缴纳的社会保险费 18 200 元。其中生产甲产品工人应提社会保险费为 9 800 元，生产乙产品工人应提社会保险费为 7 000 元，生产车间管理人员应提社会保险费为 700 元，企业管理人员应提社会保险费为 700 元。作会计分录如下。

借：生产成本——甲产品	9 800	
——乙产品	7 000	
制造费用	700	
管理费用	700	
贷：应付职工薪酬——社会保险费		18 200

四、固定资产耗费的核算

固定资产耗费的核算涉及"累计折旧"账户。累计折旧属于资产类中"固定资产"的备抵账户，用来核算企业固定资产折旧的账户。其贷方登记按月计提的固定资产折旧的数额，即折旧的增加；借方登记因出售、报废和毁损的固定资产而相应减少的折旧数额；期末贷方余额表示现有固定资产已提取的折旧累计数额。

【例 3-20】 9 月末，企业计提当月固定资产折旧 9 100 元，其中，生产车间使用固定资产应提折旧 6 000 元，企业管理部门使用固定资产应提折旧 3 100 元。

借：制造费用	6 000	
管理费用	3 100	
贷：累计折旧		9 100

五、其他费用的核算

在生产过程中，除材料、人工、固定资产耗费外，还会发生一些其他耗费，如水电费、修理费、保险费、租赁费等。这些费用，有的是当期发生，当期用即用款项予以支付；有的是先支付后发生，如预付全年财产保险费、报刊费、租赁费等，通常使用"预付账款"账户进行核算；有的则是先发生后支付，对于这些应计费用的性质要进行具体分析，通过"应付账款"、"应付利息"或"其他应付款"等账户核算，如按期预提固定资产大修理费用，通常使用"其他应付款"账户进行核算。

【例 3-21】 开出转账支票一张计 9 000 元，支付 9 月份生产车间水电费 8 000 元，管理部门水电费 1 000 元。

借：制造费用	8 000	
管理费用	1 000	
贷：银行存款		9 000

【例 3-22】 企业为生产车间租入厂房一间，租期 12 个月，以银行存款预付 12 个月的租金共 36 000 元，从本月开始摊销。

借：预付账款　　36 000
　贷：银行存款　　36 000
借：制造费用　　3 000
　贷：预付账款　　3 000

1. 其他应付款

其他应付款，负债类账户，核算企业除应付票据、应付账款、预收账款、应付职工薪酬、应付利息、应付股利、应交税费、长期应付款等以外的其他各项应付暂收款项。其贷方登记发生的其他各种应付暂收款项；借方登记支付的其他各种应付暂收款项；期末贷方余额，反映企业应付未付的其他应付款项。

企业可按其他应付款的项目和对方单位（个人）进行明细核算。

【例 3-23】计提本月车间固定资产的大修理费 4 300 元。

借：制造费用　　4 300
　贷：其他应付款——大修理费　　4 300

2. 其他应收款

其他应收款，资产类账户，用以核算企业除应收票据、应收账款、预付账款以外的其他各种应收、暂付款项，例如各种赔款、罚款、应向职工收取的各种借支和垫付款项等。该账户的借方登记发生的上述各种应收、暂付款项。贷方登记已经收回的各种应收、暂付款项。期末余额在借方，表示尚未收回或报销的应收、暂付款项。

该账户应按其他应收款的项目分类，并按不同的债务人设置明细账。

【例 3-24】职工陆德茂因公出差借支现金 2 000 元。

借：其他应收款——陆德茂　　2 000
　贷：银行存款　　2 000

【例 3-25】职工陆德茂出差回来报销差旅费 1 800 元，退回现金 200 元。

借：库存现金　　200
　　管理费用　　1 800
　贷：其他应收款——陆德茂　　2 000

六、制造费用的月末核算

1. 生产一种产品不需分配制造费用的核算

企业的生产车间根据生产计划只生产一种产品，为此车间所发生的各项制造费用，受益对象明确，仅指这一种产品，我们称之为单耗制造费用。对于发生的单耗制造费用在月末进行归集，自“制造费用”账户转入该产品的“生产成本”账户即可，不需要进行分配，与该产品所耗费的材料、人工等直接费用合并确认为该种产品的生产成本。

2.生产一种以上产品需分配制造费用的核算

企业的生产车间根据生产计划生产一种以上的产品，为此所发生的各项制造费用，因其受益对象为同时生产的几种产品共同耗费的，我们称之为共耗制造费用。对于涉及几种产品的共耗制造费用，需要选择合理的分配标准（如按生产工人的工资比例、产品生产工时和机器工时等）在各受益产品之间进行分配核算，首先计算制造费用分配率，然后根据分配率计算各种产品应承担的制造费用。计算出每种产品所承担的制造费用后，再与其料费、工费合计即为该种产品的生产成本。

制造费用的分配计算公式如下：

$$制造费用分配率=\frac{制造费用总额}{各种产品生产工时(或工资等)分配标准之和}$$

某种产品应分摊的制造费用＝制造费用分配率×该种主产品的分配标准

【例 3-26】9 月末归集和分配本月发生的制造费用 33 600 元，并转入甲、乙产品生产成本（按甲、乙产品生产工人的工资作为分配标准）。

制造费用是生产成本的组成部分，月末要将该月归集的制造费用总额进行分配，从“制造费用”账户转入相应的“生产成本”的账户。制造费用具体的归集和分配如下：

$$制造费用分配率=\frac{33\ 600}{70\ 000+50\ 000}=0.28$$

甲产品应分配的制造费用＝甲产品的生产工人工资×制造费用分配率

＝70 000×0.28＝19 600（元）

乙产品应分配的制造费用＝乙产品的生产工人工资×制造费用分配率

＝50 000×0.28＝14 000（元）

根据制造费用分配表（表 3-12）编制会计分录：

借：生产成本——甲产品　　19 600

　　　　　　　　乙产品　　14 000

　贷：制造费用　　33 600

表 3-12　制造费用分配表　单位：元

产品名称	生产工人工资	分配率	分配金额
甲产品	70 000		19 600
乙产品	50 000		14 000
合　计	120 000	0.28	33 600

制造费用

（3-15）5 000	33 600（3-26）
（3-16）5 000	
（3-18）1 600	
（3-19）　700	
（3-20）6 000	
（3-21）8 000	
（3-22）3 000	
（3-23）4 300	
本月合计：33 600	

生产成本——甲产品

（3-26）19 600	

生产成本——乙产品

（3-26）14 000	

七、完工产品生产成本的计算

成本计算是会计核算的一种专门方法，是会计核算的主要内容之一。通过成本计算，对于考核分析各种生产经营过程或某项经济活动的费用发生情况，寻求节约支出、降低产品成本和提高经济效益的途径有着重要的作用。产品生产成本计算，就是将企业生产过程中为制造产品所发生的各种费用，按照所生产产品的品种（即成本计算对象）进行分配和归集，计算各种产品的总成本和单位成本。

（一）产品生产成本计算的一般程序

1. 确定成本计算对象

进行成本计算，首先要确定成本计算对象。所谓成本计算对象，就是指生产费用归属的对象。成本计算对象的确定，是设置产品明细账（或称成本计算单）、归集生产费用、正确计算产品成本的前提。不同类型的企业由于生产特点和管理要求不同，成本计算对象也不一样，而不同的成本计算对象又决定了不同成本计算方法的特点。但是，不论采用哪种方法，最终都要按照产品品种算出产品成本，因而按照产品计算成本，是产品成本计算的最基本方法。

2. 企业设立的成本项目

会计必须将生产过程中发生的所有生产费用，归集、分配到各种产品上去。按一定对象归集的生产费用就是该对象的生产成本。根据生产特点和管理要求，企业一般可以设立以下几个成本项目：直接材料费、直接人工费、制造费用（图 3-2）。

在这里，需要注意区分期间费用与制造费用。期间费用包括管理费用、销售费用和财务费用三部分。期间费用不能直接归属于某特定产品，与产品、产量没有直接联系，但与所属的会计期间有关，所以，期间费用应从当期损益中一次性扣除，月末结转记入“本年利润”账户；制造费用则记入“生产成本”账户。

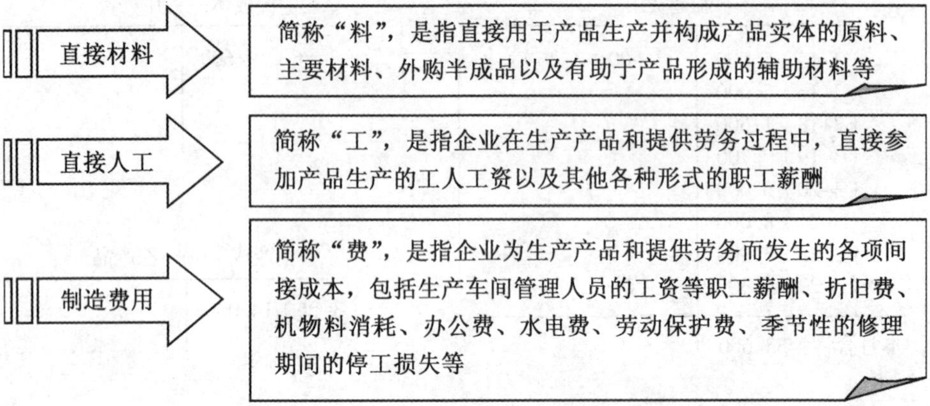

图 3-2　成本项目含义图

3. 计算产品生产成本

计入产品成本的生产费用在生产过程中的用途是不同的。有的直接用于产品生产，如原材料、生产工人的工资，有的间接用于产品生产，如制造费用。为了准确计算出某种产品的成本，应按成本项目在各个成本计算对象内进行归集和分配费用。

如果月末某种产品全部完工，按照成本项目所汇集的费用总额就构成了该种产品的总成本，总成本除以该产品的当月产量，即为该产品的单位成本。

如果月末某种产品全部未完工，按照成本项目所汇集的费用总额就是该种产品在产品的总成本。

如果月末某种产品一部分完工一部分未完工，各个成本计算单所汇集的费用总额还要采用适当的分配方法在完工产品和在产品之间进行分配，然后才能计算出完工产品的总成本和单位成本。

(二)完工产品验收入库的账务处理

完工产品的核算应设置库存商品账户，库存商品属于资产类账户，核算企业已经完成全部生产过程并验收入库的产品。其借方登记验收入库的商品的成本，贷方登记出库的商品的成本核算；余额在借方，表示库存商品的实际成本。

该账户应按产品品种规格设置明细分类账户进行明细核算。

【例 3-27】9 月末结转本月完工入库产品的生产成本。其中：甲产品 1 000 件全部完工，总成本为 195 400 元；乙产品 800 件全部完工，总成本为 104 000 元。假定甲产品、乙产品期初都没有在产品。

这笔经济业务一方面使生产完工验收入库的库存商品增加，应记入“库存商品”账户的借方，另一方面产品全部完工使产品生产成本减少，应记入“生产成本”账户的贷方。

对于“库存商品——甲产品”与“库存商品——乙产品”的金额的确定，应分三个步骤：

第一步 明确成本计算对象。

第二步 根据“材料费、人工费、制造费用”三个成本项目归集成本费用。

生产成本——甲产品

(3-15) 90 000	195 400 (3-27)
(3-16) 70 000	
(3-18) 6 000	
(3-19) 9 800	
(3-26) 19 600	
本月合计：195 400	195 400

↔

库存商品——甲产品

(2-27) 195 400	
本月合计：195 400	

生产成本——乙产品

(3-15) 30 000	104 000 (3-27)
(3-16) 50 000	
(3-18) 3 000	
(3-19) 7 000	
(3-26) 14 000	
本月合计：104 000	104 000

↔

库存商品——乙产品

(3-27) 104 000	
本月合计：104 000	

甲完工产品成本计算单

直接材料	90 000
直接工资及福利费	85 800
制造费用	19 600
合计	195 400
完工数量 / 件	1 000
成本单价 / 元	195.40

乙完工产品成本计算单

直接材料	30 000
直接工资及福利费	60 000
制造费用	14 000
合计	104 000
完工数量 / 件	800
成本单价 / 元	130.00

表 3-13　　　　完工产品成本计算表　　　　单位:元

成本项目	甲产品(1 000 件)		乙产品(800 件)	
	总成本	单位成本	总成本	单位成本
直接材料	90 000	90.00	30 000	37.50
直接人工	85 800	85.80	60 000	75.00
制造费用	19 600	19.60	14 000	17.50
合　计	195 400	195.40	104 000	130.00

第三步　根据归集的数据进行账务处理。

借：库存商品——甲产品　　195 400

　　　　　　——乙产品　　104 000

　贷：生产成本——甲产品　　195 400

　　　　　　　——乙产品　　104 000

第四节　销售过程业务的核算

表 3-14　　　　新疆增值税专用发票　　　　No.00015641437

43000204529　　　　发票联　　　　开票日期:2011 年 12 月 6 日

<table>
<tr><td>购货单位</td><td colspan="4">名称:龙江有限责任公司
纳税人识别号:431103565241321
地址:长沙市定王台 50 号
电话:0731-8890201
开户行及账号:长沙市建设银行青年路支行
2901011001330690845</td><td>密码区</td><td colspan="3">19－1<9－578
加密版本:01
8<19>9/29533－4974
1626<8－25>82906－2
－47－6<7>2＊－/>＊>6/</td></tr>
<tr><td>货物或应税劳务名称</td><td>规格型号</td><td>单　位</td><td>数　量</td><td>单　价</td><td>金　额</td><td>税率</td><td>税　额</td></tr>
<tr><td>甲产品</td><td></td><td>台</td><td>20</td><td>1 500</td><td>30 000.00</td><td>17%</td><td>5 100.00</td></tr>
<tr><td>合　计</td><td></td><td></td><td></td><td></td><td></td><td></td><td></td></tr>
<tr><td>价税合计(大写)</td><td colspan="7">⊗叁万伍仟壹佰元整　　　　(小写)￥35 100.00</td></tr>
<tr><td>销货单位</td><td colspan="4">名称:华瑞有限责任公司
纳税人识别号:431103748241898
地址:文化路 25 号
电话:0993-2625441
开户行及账号:昌吉市工商银行文化路支行
1901011009225990886</td><td>备注</td><td colspan="3">华瑞有限公司
431103748241898
发票专用章</td></tr>
</table>

第四联：记账联

收款人：张程程　　复核:李开明　　开票人:杨路　　销货单位:(章)

【思考 3-10】表 3-14 中的会计主体是哪个公司，判断依据是什么？

【思考 3-11】表 3-14 与表 3-1 所表述的经济业务有什么不同？

【思考 3-12】表 3-14 中所列示的经济业务如何进行账务处理？

一、销售过程核算的主要内容

销售过程是企业生产经营活动的最后阶段。在销售过程中，企业一方面销售产品取得收入，办理货款结算，使企业的生产耗费得到补偿；另一方面支付各项销售费用，结转产品的销售成本，计算缴纳企业销售活动应负担的税金及附加。除此以外，企业还会发生一些其他销售业务，如材料销售、无形资产转让等，会取得其他业务收入和发生其他业务成本。通过销售过程业务的核算，促使企业努力增加收入、节约费用，实现尽可能多的营业利润。

二、主营业务的核算

(一)账户设置

1. 主营业务收入

主营业务收入，损益类账户，用来核算企业在销售商品、提供劳务及让渡资产使用权等日常活动中所发生的收入。该账户贷方登记企业销售商品(包括产成品、自制半成品等)或让渡资产使用权所实现的收入；借方登记发生的销售退回和转入“本年利润”账户的收入；期末将本账户的余额结转后，该账户应无余额。

企业可按主营业务的种类设置明细账户进行明细分类核算。

2. 应收账款

应收账款，资产类账户，用来核算企业因销售商品、材料、提供劳务等，应向购货单位收取的款项，以及代垫运杂费和承兑到期而未能收到款的商业承兑汇票。其借方登记应向购货单位或劳务接收方收取的账款；贷方登记收回的应收款项；期末借方余额表示企业尚未收回的应收款项。

本账户按不同的购货或接受劳务的单位设置明细账户。

3. 预收账款

预收账款，负债类账户，指企业按照合同规定向购货单位预收的款项。与应付账款不同，预收账款所形成的负债不是以货币偿付，而是以货物偿付。借方登记实现的销售收入；期末贷方余额表示企业预收的款项。

预收账款情况不多的，也可不设“预收账款”科目，将预收的款项直接记入“应收账款”科目的贷方。

4. 主营业务成本

主营业务成本，损益类账户，用来核算企业因销售商品、提供劳务或让渡资产使用权等日常活动而发生的实际成本。该账户借方结转已售商品、提供的各种劳务等的实际成本；贷方登记当月发生销售退回的商品成本和期末转入"本年利润"账户的当期销售产品成本；期末结转后该账户应无余额。

该账户应按照主营业务的种类进行明细分类核算。

5.营业税金及附加

营业税金及附加，损益类账户，用来核算企业日常活动应负担的税金及附加，包括营业税、消费税、城市维护建设税、资源税、土地增值税和教育费附加等。该账户借方登记按照规定计算应由主营业务负担的税金及附加；贷方登记企业收到的先征后返的消费税、营业税等应记入本科目的各种税金，以及期末转入"本年利润"账户的营业税金及附加；期末结转后本账户应无余额。

6.销售费用

销售费用，损益类账户，用来核算企业在销售商品过程中发生的费用，包括运输费、装卸费、包装费、保险费、展览费和广告费，以及为销售本企业商品而专设的销售机构的职工工资及福利费、业务费等经营费用。该账户借方登记发生的各种销售费用；贷方登记结转"本年利润"账户的销售费用；期末结转后该账户应无余额。

该账户应按照费用项目进行明细分类核算。

(二)经济业务核算

【例3-28】12月2日，企业销售7号车床5台，单价为12 000元，增值税率17%，开出增值税专用发票。购贷方以转账支票办理货款结算。

借：银行存款	70 200	
贷：主营业务收入		60 000
应交税费——应交增值税(销项税额)		10 200

【例3-29】12月3日，企业向丰收发电厂出售8号车床4台，单价为10 000元，增值税率17%，开出增值税专用发票。产品已发出，货款尚未收到，并开出转账支票一张垫付运杂费1 200元。

借：应收账款——丰收发电厂	48 000	
贷：主营业务收入		40 000
应交税费——应交增值税(销项税额)		6 800
银行存款		1 200

【例3-30】12月5日，企业与乙公司签供货合同，向其出售9号车床10台，单价为10 000元，货款金额共计100 000元，应交增值税17 000元。12月9日，企业收到乙公司交来的预付货款60 000元并存入银行，12月19日企业将货物发到乙公司并开出增值税专用发票，乙公司验收后付清了剩余货款。

(1)12 月 9 日收到乙公司交来的预付货款 60 000 元：

借：银行存款　　60 000

　贷：预收账款——乙公司　　60 000

(2)12 月 19 日按合同规定，向乙公司发出货物：

借：预收账款——乙公司　　117 000

　贷：主营业务收入　　100 000

　　　应交税费——应交增值税(销项税额)　　17 000

(3)收到乙公司补付的货款：

借：银行存款　　57 000

　贷：预收账款——乙公司　　57 000

【例 3-31】12 月 31 日，结转本月销售产品的销售成本，销售 7 号车床 5 台，生产成本 40 000 元，8 号车床 4 台，生产成本 20 000 元，9 号车床 10 台，生产成本 60 000 元。

借：主营业务成本——7 号车床　　40 000

　　　　　　　　——8 号车床　　20 000

　　　　　　　　——9 号车床　　60 000

　贷：库存商品——7 号车床　　40 000

　　　　　　　——8 号车床　　20 000

　　　　　　　——9 号车床　　60 000

【例 3-32】12 月 31 日，计算应交城市维护建设税 8 000 元，教育费附加 4 000 元。

借：营业税金及附加　　12 000

　贷：应交税费——应交城市维护建设税　　8 000

　　　　　　　——应交教育费附加　　4 000

【例 3-33】企业开出转账支票三张，一张用以支付产品促销广告费 800 元；一张用以支付所购行政管理部门的办公用品费用 500 元；一张用以支付银行承兑手续费 1 500 元。

借：销售费用　　800

　　管理费用　　500

　　财务费用　　1 500

　贷：银行存款　　2 800

三、其他业务的核算

(一)账户设置

1. 其他业务收入

其他业务收入，损益类账户，用来核算企业其他业务所取得的收入。该账户贷方登记企业获得的其他业务收入；借方登记期末结转到“本年利润”账户的已实现的其他业务收入；期末结转以后，该账户应无余额。

该账户应按其他业务的种类设置明细账，进行明细分类核算。

2. 其他业务成本

其他业务成本，损益类账户，用来核算企业其他业务所发生的各项支出，包括为获得其他业务收入而发生的相关成本、费用以及税金等。该账户借方登记其他业务所发生的各项支出；贷方登记期末结转到“本年利润”账户的其他业务支出数额；期末结转以后，该账户应无余额。

该账户应按其他业务的种类进行明细分类核算。

（二）业务核算

【例 3-34】12 月 17 日，出售不需用的 A 材料 100 千克，售价 10 000 元，增值税 1 700 元，出售不需用的 B 材料 200 千克，售价 20 000 元，增值税 3 400 元，开出增值税专用发票一张（表 3-15），款已存入银行（表 3-16）。A 材料的成本为9 000 元，B 材料的成本为 14 000 元（表 3-17）。

表 3-15 新疆增值税专用发票 No. 00015641437

43000204521 开票日期：2011 年 12 月 17 日

<table>
<tr><td>购货单位</td><td colspan="4">名称：龙江有限责任公司
纳税人识别号：431103565241321
地址：长沙市定王台 50 号
电话：0731-8890201
开户行及账号：长沙市建设银行青年路支行
2901011001330690845</td><td>密码区</td><td colspan="3">19－1＜9－578 加密版本：01
8＜19＞9/29533－4974
1626＜8－25＞82906－2
43000204521
00017654
－47－6＜7＞2＊－/＞＊＞6/</td></tr>
<tr><td>货物或应税劳务名称</td><td>规格型号</td><td>单位</td><td>数量</td><td>单价</td><td>金额</td><td>税率</td><td>税额</td></tr>
<tr><td>A 材料</td><td></td><td>千克</td><td>100</td><td>100</td><td>10 000.00</td><td>17%</td><td>1 700.00</td></tr>
<tr><td>B 材料</td><td></td><td>千克</td><td>200</td><td>100</td><td>20 000.00</td><td>17%</td><td>3 400.00</td></tr>
<tr><td>合 计</td><td></td><td></td><td></td><td></td><td></td><td></td><td></td></tr>
<tr><td>价税合计（大写）</td><td colspan="4">⊗叁万伍仟壹佰元整</td><td colspan="3">（小写）￥35 100.00</td></tr>
<tr><td>销货单位</td><td colspan="4">名称：华瑞有限责任公司
纳税人识别号：431103748241898
地址：文化路 25 号
电话：0993-2625441
开户行及账号：昌吉市工商银行文化路支行
1901011009225990886</td><td>备注</td><td colspan="3">华瑞有限公司
431103748241898
发票专用章</td></tr>
</table>

第四联：记账联

收款人：张三 复核：李开明 开票人：杨路 销货单位：（章）

表 3-16 中国工商银行进账单(收账通知) 1

2011 年 12 月 17 日 第 23 号

出票人	全称	龙江有限责任公司	持票人	全称	华瑞有限责任公司
	账号	431103566625558		账号	1901011009225990886
	开户银行	乌市工商银行明南路支行		开户银行	昌吉市工行文化路支行

人民币(大写)叁万伍仟壹佰元整	千	百	十	万	千	百	十	元	角	分
			¥	3	5	1	0	0	0	0

票据种类	转账支票	中国工商银行 昌吉市文化路支 转讫
票据张数	1 张	
单位主管 会计 复核 记账		持票人开户行盖章

此联是持票人开户银行交给持票人的收账通知

表 3-17 出 库 单

仓库:2 号仓库 2011 年 12 月 17 日 编号:00505

规格	名称	数量	单位	单价	金额 千	百	十	万	千	百	十	元	角	分
	A 材料	100	千克	90.00				¥	9	0	0	0	0	0
	B 材料	200	千克	100.00			¥	1	4	0	0	0	0	0
备注	保管盖章			合计:¥23 000.00										

第二联:会计部门

会计:王红璇 复核:张青 记账:王果 制单:胡显珍

(1)根据增值税专用发票(表 3-15)、进账单(表 3-16),账务处理如下:

借:银行存款 35 100

贷:其他业务收入 30 000

应交税费——应交增值税(销项税额) 5 100

(2)根据出库单(表 3-17),账务处理如下:

借:其他业务成本 23 000

贷:原材料——A 材料 9 000

——B 材料 14 000

第五节 财务成果的核算

一、财务成果核算的主要内容

财务成果是指企业在一定时期内全部生产经营活动的成果，即盈利或亏损。盈利是指企业在一定期间内所取得的各种收入超过其所发生的各项费用的差额，如果收入不足以弥补费用则发生亏损。

二、利润的构成

企业财务成果的构成，可以用下列计算利润的公式予以表示：

1. 主营业务利润

主营业务利润＝主营业务收入－主营业务成本－营业税金及附加

其他业务利润＝其他业务收入－其他业务成本

2. 营业利润

营业利润是指企业生产经营活动所获得的利润，是企业利润总额的主要组成部分。

营业利润＝主营业务利润＋其他业务利润－销售费用－管理费用－财务费用

3. 利润总额

利润总额＝营业利润＋投资收益＋补贴收入＋营业外收入－营业外支出

4. 净利润

净利润＝利润总额－所得税费用

三、利润的核算

利润核算应设置如下账户：

1. 营业外收入

营业外收入，损益类账户，用来核算企业发生的与企业生产经营无直接关系的各项收入。该账户贷方登记企业发生的各项非营业收入。如处没罚金收入、固定资产盘盈收入等；借方登记期末转入“本年利润”账户的营业外收入数；期末结转后，该账户应无余额。

该账户应按照收入项目进行明细分类核算。

2. 营业外支出

营业外支出，损益类账户，用来核算企业发生的与企业生产经营无直接关系的各项支出。该账户借方登记企业发生的各项额外支出。如罚款、自然灾害造成的非常损失、固定资产盘亏等；贷方登记期末转入"本年利润"账户的营业外支出；期末结转后该账户应无余额。

该账户应按照支出项目设置明细账，进行明细分类核算。

3. 投资收益

投资收益，损益类账户，用来核算企业对外投资取得的收益或发生的损失。该账户贷方登记取得的投资收益或期末投资净损失的转出数；借方登记发生的投资损失和期末投资净收益的转出数；期末结转后，该账户应无余额。

该账户应按照投资收益的种类进行明细分类核算。

4. 本年利润

本年利润，所有者权益类账户，用来核算企业实现的净利润（或发生的净亏损）。该账户贷方登记期末从"主营业务收入"、"其他业务收入"、"补贴收入"、"营业外收入"以及"投资收益"（投资净收益）等账户的转入数；借方登记期末从"主营业务成本"、"营业税金及附加"、"其他业务成本"、"销售费用"、"管理费用"、"财务费用"、"营业外支出"、"所得税费"以及"投资收益"（投资净损失）等账户的转入数。年度终了，应将本年收入和支出相抵后结出本年实现的净利润，转入"利润分配"账户，贷记"利润分配——未分配利润"；如为净亏损，作相反的会计分录；结转后，该账户应无余额。

"本年利润"账户的结构如下：

本年利润

(1)主营业务成本	(1)主营业务收入
(2)其他业务成本	(2)其他业务收入
(3)营业税金及附加	(3)营业外收入
(4)管理费用	(4)投资净收益
(5)财务费用	
(6)销售费用	
(7)营业外支出	
(8)所得税费用	
(9)投资净损失	
余额：发生的净亏损	余额：实现的净利润

5.所得税费用

所得税费用,损益类账户,用来核算企业按规定从本期损益中减去的所得税费用。其借方登记企业按税法规定的应纳税所得额计算的应纳所得税额;贷方登记企业会计期末转入"本年利润"账户的所得税额;结转后该账户应无余额。

【例3-35】12月26日,收到现金2 000元,该款系对职工的罚款。

借:库存现金　2 000

　贷:营业外收入　2 000

【例3-36】12月27日,开出转账支票一张,捐赠给市福利院30 000元。

借:营业外支出　30 000

　贷:银行存款　30 000

【例3-37】12月31日,将本月实现的主营业务收入200 000元(有例3-28的60 000元、例3-29的40 000元、例3-30的100 000元)、其他业务收入(有例3-34的30 000元)和营业外收入(有例3-35的2 000元)转入"本年利润"账户。

借:主营业务收入　200 000

　　其他业务收入　30 000

　　营业外收入　2 000

　贷:本年利润　232 000

【例3-38】12月21日,月末将主营业务成本(例3-31的120 000元)、主营业务税金及附加(例3-32的12 000元)、管理费用(例3-33的500元)、财务费用(例3-33的1 500元)、销售费用(例3-33的800元)、其他业务成本(例3-34的23 000元)和营业外支出(例3-36的30 000元)转入"本年利润"账户。

借:本年利润　187 800

　贷:主营业务成本　120 000

　　　营业税金及附加　12 000

　　　其他业务成本　23 000

　　　营业外支出　30 000

　　　管理费用　500

　　　财务费用　1 500

　　　销售费用　800

【例3-39】12月31日,按本月实现利润的25%计算本月应交所得税。

利润总额=232 000−187 800=44 200(元)

企业所得税=应纳税所得额×适用税率=44 200×25%=11 050(元)

借：所得税费用　　11 050

　贷：应交税费——应交所得税　　11 050

【例 3-40】12 月 31 日，月末将“所得税”转入“本年利润”账户。

借：本年利润　　11 050

　贷：所得税费用　　11 050

四、利润分配的核算

企业当期实现的净利润可按照法定程序进行分配。首先按《公司法》有关规定，公司制企业可按 10%的比例提取法定盈余公积，公司制企业可根据股东大会的决议提取任意盈余公积。其次，对投资者分配利润，余额为未分配利润。未分配利润可留待以后年度进行分配。企业如发生亏损，可在不超过 5 年的时间内以税前利润进行补亏。

利润分配核算应设置如下账户：

1. 利润分配

利润分配，所有者权益类账户，用来核算企业利润的分配（或亏损的弥补）和历年分配（或弥补）后的积存余额。该账户借方登记按规定实际分配的利润数，或年终时从“本年利润”账户的贷方转来的全年亏损总额；贷方登记年终时从“本年利润”账户借方转来的全年实现的净利润总额；年终贷方余额表示历年积存的未分配利润，如为借方余额，则表示历年积存的未弥补亏损。

该账户按利润分配的具体项目，一般设置“提取法定盈余公积”、“提取任意盈余公积金”、“应付投资者利润”、“未分配利润”等明细账，进行明细分类核算。

2. 盈余公积

盈余公积，所有者权益类账户，用来核算企业从净利润中提取的盈余公积金和公益金的增减变动和结余情况的账户，该账户贷方登记从净利润中提取的盈余公积金和公益金；借方登记盈余公积金和公益金的使用，如转增资本、弥补亏损、用于职工集体福利支出等；期末贷方余额，表示企业结余的盈余公积金和公益金的数额。

该账户应按盈余公积的种类进行明细分类核算。

3. 应付股利

应付股利，负债类账户，用来核算企业经董事会或股东大会或类似机构决议确定分配的现金股利或利润。该账户贷方登记根据通过的股利或利润分配方案，应支付给投资者的现金股利或利润；借方登记实际支付给投资者的利润。期末贷方余额表示企业尚未支付的现金股利或利润数。

该账户应按照股东或投资者的名称进行明细分类核算。

【例 3-41】 12 月 31 日，按税后利润的 10%计算提取法定盈余公积金，按税后利润的 10%提取任意盈余公积金 3 315 元。

税后利润＝44 200－11 050＝33 150(元)

法定盈余公积金＝33 150×10%＝3 315(元)

任意盈余公积金＝33 150×10%＝3 315(元)

借：利润分配——提取法定盈余公积金　　3 315

　　　　　　——提取任意盈余公积金　　3 315

　贷：盈余公积——法定盈余公积金　　3 315

　　　　　　　——任意盈余公积金　　3 315

【例 3-42】 12 月 31 日，按税后利润的 40%计提应付投资者利润。

应付投资者利润＝33 150×40%＝13 260(元)

借：利润分配——应付投资者利润　　13 260

　贷：应付股利　　13 260

【例 3-43】 12 月 31 日，将全年实现的净利润(在本例中假定该企业 1～11 月份利润为零，本月净利润即为全年净利润)33 150 元，自“本年利润”账户结转到“利润分配——未分配利润”账户。

本月净利润＝(主营营业收入＋其他业务收入＋营业外收入)－(主营业务成本＋营业税全及附加＋其他业务支出＋营业外支出＋管理费用＋财务费用＋销售费用＋所得税费用)

＝(200 000＋30 000＋2 000)－(120 000＋12 000＋23 000＋30 000＋500＋1 500＋800＋11 050)＝33 150 (元)

借：本年利润　　33 150

　贷：利润分配——未分配利润　　33 150

【例 3-44】 结转利润分配的明细账户。

借：利润分配——未分配利润　　19 890

　贷：利润分配——提取法定盈余公积金　　3 315

　　　　　　　——提取任意盈余公积金　　3 315

　　　　　　　——应付投资者利润　　13 260

复习思考题

一、单项选择题

1. 企业接受投资者投资时，应贷记(　　)账户。

A. 盈余公积　B. 实收资本　C. 资本公积　D. 投资收益

2. 企业购入材料发生的运杂费等采购费用，应记入(　　)账户。

A. 制造费用　B. 生产成本　C. 在途物资　D. 管理费用

3. 企业接受过实物资产投资时，应按(　　)价值入账。

A. 投资各方确认的价值　B. 实物资产的原价

C. 实物资产的市场价值　D. 实物资产的重置价值

4. 权责发生制下，企业预付下年度的财产保险费应作为(　　)。

A. 管理费用　B. 应付利息　C. 预付账款　D. 营业费用

5. "应付票据"科目中"票据"是指(　　)。

A. 商业汇票　B. 银行本票　C. 转账支票　D. 现金支票

6. 生产车间固定资产计提的折旧应计入(　　)账户。

A. 生产成本　B. 制造费用　C. 管理费用　D. 销售费用

7. 月末，应结转到"生产成本"的账户是(　　)。

A. 财务费用　B. 管理费用　C. 销售费用　D. 制造费用

8. 不计入"营业税金及附加"账户的税费是(　　)。

A. 增值税　B. 营业税　C. 教育费附加　D. 城建税

9. 企业盈余公积金按规定应从企业的(　　)中提取。

A. 营业利润　B. 利润总额　C. 税前利润　D. 税后利润

二、多项选择题

1. 材料采购费用包括(　　)。

A. 入库前的整理挑选费　B. 买价

C. 运输途中的合理损耗　D. 材料的运杂费

2. 发生的下列费用中，应计入"制造费用"账户的有(　　)。

A. 生产车间办公费　B. 车间管理人员工资

C. 生产工人的工资　D. 生产车间固定资产折旧费

3. 下列项目中，构成产品成本的是(　　)。

A. 直接人工　B. 直接材料　C. 期间费用　D. 制造费用

4. 下列账户中，期末结转后无余额的是(　　)。

A. 其他业务成本　B. 主营业务收入

C. 主营业务成本　D. 其他业务收入

5. 下列项目中，属于其他业务收入的是（　）。

A. 销售产品收入　B. 提供劳务收入

C. 销售材料收入　D. 出租无形资产收入

6. 下列账户中应于期末将其发生额结转到“本年利润”账户的是（　）。

A. 制造费用　B. 管理费用　C. 财务费用　D. 销售费用

7. 下列属于营业外收入的项目是（　）。

A. 固定资产盘盈收益　B. 无法支付的应付账款

C. 罚款净收入　D. 出租固定资产收入

8. 下列应通过“其他应收款”科目核算的有（　）。

A. 应收取的各种赔款　B. 应收取的销货款

C. 应收取的劳务款　D. 应收取的各种罚款

三、判断题

1. 在供应过程中，材料的买价即材料的采购成本。（　）

2. 企业资金的来源渠道主要是投资者投入的资金和债权人提供的资金。（　）

3. 企业购进原材料时支付的增值税进项税额，属于材料的采购费用。（　）

4. 应付票据、应付账款、短期借款和预付账款都是企业的流动负债。（　）

5. 期间费用是生产成本的组成部分，月末要转入“生产成本”账户。（　）

6. 企业计提的应交所得税，不计入“营业税金及附加”账户。（　）

7. 所得税是一项费用，而不是对利润进行分配的一项内容。（　）

8. 教育费附加，不属于企业应交纳的税金，因此不通过“应交税金”账户核算。（　）

9. 企业销售产品时，若产品已发出，只要货款尚未收到，就不能作为营业收入实现处理。（　）

10. 企业在经营过程中发生的汇兑损失、银行手续费、办公费和利息费用，均计入“财务费用”账户。（　）

第四章　会 计 凭 证

◆知识目标

1. 解释会计凭证概念。

2. 描述会计凭证的意义。

3. 识别会计凭证的分类。

◆技能目标

1. 能够完成会计凭证的审核。

2. 熟练掌握会计凭证的填制。

案例导入

某企业一职工报销住院费 4 360.50 元。会计人员发现该报销单据上的姓名与其余的字迹不同，并有涂改迹象，且发现报销单据的金额栏隐现出另一种笔迹，于是扣留报销单据，并及时向单位领导人报告，请求查明情况。经向医院查实和技术鉴定，该报销单据是别人丢弃的，存根联金额只有 300.50 元，被该职工捡到后用"退字液"涂改姓名并加大金额后拿来报销，企图贪污。

[思考题]

1. 本案例反映出该职工什么行为？

2. 作为会计人员，应从几方面审核原始凭证？

第一节 会计凭证概述

《会计法》赋予会计信息“真实性”、“完整性”的质量要求。据此，会计在账簿中所作的每一笔记录，在报表中所提供的每一项经济信息，都必须以真实、合法的会计凭证为依据。因此，在会计核算中必须运用填制和审核会计凭证这一专门的会计核算方法。

一、会计凭证的概念

会计凭证是用来记录经济业务，明确经济责任的书面证明，也是登记账簿的依据。填制和审核会计凭证是会计核算工作的始端，也是对经济业务进行日常监督的重要环节。任何单位对于发生的每一笔经济业务，都必须首先填制或取得会计凭证，并经审核无误后，才能作为记账的依据，才能进行记账、算账和编报会计报表等核算工作。会计人员在处理每一笔经济业务时，都应取得证明经济业务已经发生或完成的书面证明，办理会计凭证手续，证明该项经济业务已经完成，并由经办人签章，表明对该项经济业务负责；同时，会计凭证都应由专人审核，只有经过审核无误的会计凭证，才能据以登记入账。如企业采购原材料，应根据供货单位提供的销售发票、运输单位提供的货运凭证和银行的结算凭证，由仓库材料保管人员验收入库后，编制材料入库单，以表明材料采购这一经济业务已经完成；会计人员根据材料入库单和原材料购货发票、银行结算等凭证编制记账凭证，由专人审核无误后，作为记账的依据登记账簿。

二、会计凭证的意义

认真填制和严格审核会计凭证，对于保证会计信息的客观性、准确性和会计信息的质量，以及对企业的经营活动进行有效的会计监督，都具有重要的意义。

1. 保证会计信息的客观性、准确性

客观性是指会计核算应当以实际发生的交易或事项为依据，如实反映企业的财务状况、经营成果和现金流量，使会计信息内容真实、数字准确、记录完整、资料可靠。而会计凭证是会计信息的主要载体之一，填制和审核会计凭证又是会计核算工作的起点，任何一笔经济业务的发生，都必须填制会计凭证。会计凭证上记录着经济业务活动发生的时间、内容(包括数量、金额及完成情况)，通过认真填制和严格审核，可以保证将经济业务客观、真实地反映在会计凭证上，并为登记会计账簿提供真实、可靠的依据，使账簿记录如实反映企业的经营状况，这样就可以保证会计信息的真实性与准确性，同时也为企业分析、检查经营活动和财务收支情况提供了确切可靠的原始资料。

2. 充分发挥会计的监督作用

对经济活动进行监督是会计工作的重要职能。认真填制会计凭证和加强对会计凭证的审核，可以对企业的经营活动进行监督，以检查经营活动是否符合国家有关的方针、政策、法律和制度，防止不合理、不合法的经济业务发生。通过对会计凭证的审核、检查发现存在的问题，便于及时采取有效措施，严肃财经纪律，堵塞漏洞，改进日常会计核算工作，使企业的经营活动按正常的秩序进行。

3. 明确相关单位和人员的经济责任

由于会计凭证记录和反映了每笔经济业务的具体内容，并由相关部门和有关人员盖章或签名，这就表明相关部门和有关人员对该项经济业务的真实性、准确性、合法性负责。这样，就能加强相关部门和有关人员的责任意识，促使其严格按照政策、法规、制度、预算办事，确保经济业务的记载真实可靠、准确无误。如发生违法、违规行为也易于明确经济责任，从而加强经济责任制。

三、会计凭证的种类

会计凭证按其填制程序和用途，可分为原始凭证和记账凭证两大类。原始凭证和记账凭证虽然存在着密切的联系，但在完成会计任务中，又有着明确的分工，各自担负着不同的使命。同时，但两者在格式、内容、作用、填制和审核等方面都存在着各自的特点。

第二节 原始凭证

一、原始凭证的概念及种类

(一)原始凭证的概念

原始凭证也称单据，是在经济业务发生或完成时，由业务经办人员直接取得或者填制、载明经济业务的具体内容、明确经济责任、具有法律效力的书面证明。它是填制记账凭证和登记会计账簿的原始依据，是会计核算的重要资料。常见的原始凭证有销售发票、委托银行结算凭证、借款单、收料单、领料单、差旅费报销单等。

(二)原始凭证的种类

1. 按取得的来源分类

原始凭证可以分为自制原始凭证和外来原始凭证。

自制原始凭证是指由本单位内部经办业务的部门或人员，在办理某项经济业务时自行填制的凭证。如收料单、领料单(表 4-1)等。

表 4-1　领　料　单

领料单位：××车间　　20××年×月×日　　编号：

用　　途：修理设备　　仓库：

<table>
<tr><td rowspan="2">材料编号</td><td rowspan="2">材料名称
及规格</td><td rowspan="2">计量单位</td><td colspan="2">数　量</td><td colspan="2">价　格</td><td rowspan="2">备注</td></tr>
<tr><td>请领</td><td>实领</td><td>单价</td><td>金额</td></tr>
<tr><td></td><td></td><td></td><td></td><td></td><td></td><td></td><td></td></tr>
<tr><td></td><td></td><td></td><td></td><td></td><td></td><td></td><td></td></tr>
<tr><td></td><td></td><td></td><td></td><td></td><td></td><td></td><td></td></tr>
</table>

领料单位负责人：　　领料人：　　发料人：　　制单：

外来原始凭证是指在同外单位发生经济业务往来时，从外单位取得的凭证。例如，从供应单位取得的增值税专用发票(表 4-2)、上缴税金的收据、乘坐交通工具的票据等。

表 4-2　××市增值税专用发票　　No. 06833617

发 票 联　　开票日期：　年　月　日

<table>
<tr><td>购
货
单
位</td><td colspan="3">名称：
纳税人识别号：
地址、电话：
开户行及账号：</td><td>密
码
区</td><td colspan="3"></td></tr>
<tr><td colspan="2">货物或应税劳务名称</td><td>规格型号</td><td>单位</td><td>数量</td><td>单价</td><td>金额</td><td>税率</td><td>税额</td></tr>
<tr><td colspan="2"></td><td></td><td></td><td></td><td></td><td></td><td></td><td></td></tr>
<tr><td colspan="2"></td><td></td><td></td><td></td><td></td><td></td><td></td><td></td></tr>
<tr><td colspan="2">合　　计</td><td></td><td></td><td></td><td></td><td></td><td></td><td></td></tr>
<tr><td colspan="2">价税合计(大写)</td><td colspan="7">(小写)¥</td></tr>
<tr><td>销
货
单
位</td><td colspan="3">名称：
纳税人识别号：
地址、电话：
开户行及账号：</td><td>备
注</td><td colspan="3"></td></tr>
</table>

第二联发票联　购货方记账凭证

收款人：　　复核：　　开票人：　　销货单位：(章)

注：增值税专用发票规定为四联，分别为存根联、发票联、税款抵扣联和记账联。

2.按填制的手续和完成情况分类

原始凭证可以分为一次凭证、累计凭证、汇总原始凭证和记账编制凭证四种。

一次凭证是指只反映一项经济业务，或同时反映若干项同类性质的经济业务，其填制手续是一次完成的凭证，也叫一次有效凭证。如收料单、领料单增值税专用发票等都是一次凭证，外来原始凭证一般都属于一次凭证。

累计凭证是指在一定时期内连续记载若干项同类性质的经济业务，其填制手续是随着经济业务发生而分次（多次）完成的凭证，如限额领料单等。限额领料单的具体格式如表 4-3 所示。

表 4-3　限额领料单

领料部门：　　　　　　　　　　　　　　　　　　　发料仓库：

用　　途：　　　　　　　　年　　月　　日　　　　编　　号：

材料类别	材料编号	材料名称及规格	计量单位	领用限额	实际领用	单价	金额	备注

日期	请领		实发			限额结余	退库	
	数量	领料单位盖章	数量	发料人	领料人		数量	退库单编号
合计								

供应部门负责人：　　　　生产计划部门负责人：　　　　仓库负责人：

汇总原始凭证是指将一定时期内若干份记录同类经济业务的原始凭证加以汇总，用以集中反映某项经济业务总括发生情况的会计凭证。在会计核算工作中，为简化记账凭证的编制工作，往往编制汇总原始凭证如发料凭证汇总表等。编制汇总原始凭证可以简化编制凭证的手续，但它本身不具备法律效力。发料凭证汇总表的具体格式如表 4-4 所示。

表 4-4

发料凭证汇总表

年　月

应借科目 应贷科目		生产成本	制造费用	管理费用	在建工程	合计	备注
原料及主要材料							
原材料	辅助材料						
	修理用备						
	燃料						
	合计						
低值易耗品							
合　计							

记账编制凭证是根据账簿记录和经济业务的需要对账簿记录的内容加以整理而编制的一种自制原始凭证，如制造费用分配表制造费用分配表的具体格式如表 4-5 所示。

表 4-5

制造费用分配表

车间：　　　　年　月

分配对象 （产品名称）	分配标准 （生产工时等）	分配率	分配金额
合　计			

会计主管：　　　　审核：　　　　制表：

二、原始凭证的基本内容

在会计核算工作中，由于各项经济业务的内容和经济管理的要求不同，各种原始凭证所记录的经济业务的内容也是多种多样的，而且每一种原始凭证的名称、格式和具体内容也不完全一致。但是，无论哪一种原始凭证，都是作为经济业务的原始证据，必须详细载明有关经济业务的发生或完成情况，必须明确有关经济人的经济责任。故此，各种原始凭证都应具备一些共同的基本内容，主要包括：

(1)凭证的名称。例如，企业销售产品时填制的凭证名称为销售发票，也叫发货票。

(2)填制凭证的日期。例如，销售发票上的日期是填制发货的日期，据此日期可以查证经济业务发生的时间。

(3)填制凭证单位和填制人员的公章和签名(盖章)。例如，销售发票上要加盖销售单位的公章(财务专用章或发票专用章)、制票员和复核、记账人员的签名或盖章，以明确经济责任。

(4)接受凭证单位的名称。例如，销售发票上要写明购货单位的名称，而且要写全称，不能只写简称或省略，以方便记账和查账。如福州大华贸易有限责任公司，不能简写成福大公司或福贸公司。

(5)经济业务的内容、数量、计量单位、单价和金额。例如，销售发票上要写明销售商品的名称、规格、单位、数量、单价、金额等内容。

(6)经办人员的签名或盖章。

上述基本要素，一般不得缺少，否则就不能成为具有法律效力的书面证明。

三、原始凭证的填制

不同的原始凭证，填制的方法也不同。自制原始凭证一般是根据经济业务的执行或完成的实际情况直接填制的，如仓库根据实际收到材料的名称和数量填制的“收料单”等，也有一部分自制原始凭证是根据有关账簿记录资料按照经济业务的要求加以归类、整理而重新编制的，如“制造费用分配表”等。外来原始凭证是由其他单位或个人填制的，其填制内容和方法与自制原始凭证基本相同，也要具备能证明经济业务完成情况和明确经济责任所需要的相关内容。

各种原始凭证所反映的基本内容是进行会计信息加工处理过程中所涉及的最基本的原始资料，所以填制或取得原始凭证这个环节的工作正确与否，是至关重要的。为了保证整个会计信息系统所产生的相关资料的真实性、正确性和及时性，必须按要求填制或取得原始凭证。由于原始凭证的具体内容、格式不同，产生的渠道也不同，其填制或取得的具体要求也有一定的区别，但从总体要求来看，按照《中华人民共和国会计法》和《会计基础工作规范》的规定，原始凭证的填制或取得必须符合下述几项基本要求。

1.记录要真实

原始凭证所填列的经济业务内容和数字，必须真实可靠，符合实际情况，不得弄虚作假。对于实物的数量、质量和金额，都要经过严格的审核，确保凭证内容真实可靠。从外单位取得的原始凭证如有丢失，应取得原签发单位盖有“财务专用章”的证明，并注明原凭证的号码、所载金额等内容，由经办单位负责人批准后，可代作原始凭证；对于确实无法取得证明的，如火车票、轮船票、飞机票等，可由当事人写出详细情况，由经办单位负责人批准后，也可代作原始凭证。

2. 内容要完整

原始凭证所要求填列的项目必须逐项填列齐全，不得遗漏和省略，尤其需要注意的是，年、月、日要按照原始凭证的实际日期填写；名称要写全，不能简化；品名或用途要填写明确，不许含糊不清；有关人员的签章必须齐全。为了明确经济责任，原始凭证必须由经办部门和人员签章。从外单位取得的原始凭证，必须有填制单位的公章或财务专用章；从个人取得的原始凭证，必须有填制人员的签名或盖章。对外开出的原始凭证，必须加盖本单位的公章或财务专用章。

3. 手续要完备

原始凭证的填制手续，必须符合内部牵制原则的要求。凡是填有大写和小写金额的原始凭证，大写与小写金额必须相等；购买实物的原始凭证，必须有实物的验收证明；支付款项的原始凭证，必须有收款方的收款证明。一式几联的凭证，必须用双面复写纸套写。销货退回时，除填制退货发票外，必须取得对方的收款收据或开户行的汇款凭证，不得以退货发票代替收据；各种借出款项的收据，必须附在记账凭证上，收回借款时，应另开收据或退回收据副本，不得退回原借款收据。经有关部门批准办理的某些特殊业务，应将批准文件作为原始凭证的附件或在凭证上注明批准机关名称、日期和文件字号。

4. 书写要清楚、规范

原始凭证要用蓝色或黑色笔填写，按规定填写，文字要简要，字迹要清楚，易于辨认，不得使用未经国务院公布的简化汉字。大小写金额必须相符且填写规范，小写金额用阿拉伯数字逐个书写，不得写连笔字。在金额前要填写人民币符号“¥”，人民币符号“¥”与阿拉伯数字之间不得留有空白。金额数字一律填写到角、分，无角、分的，写“00”或符号“—”；有角无分的，分位写“0”，不得用符号“—”。大写金额用汉字壹、贰、叁、肆、伍、陆、柒、捌、玖、拾、佰、仟、万、亿、元、角、分、零、整等，一律用正楷或行书字书写。大写金额前未印有“人民币”字样的，应加写“人民币”三个字，“人民币”字样和大写金额之间不得留有空白。大写金额到元或角为止的，后面要写“整”或“正”字；有分的，不写“整”或“正”字。如小写金额为¥1 008.00，大写金额应写成“壹仟零捌元整”。

阿拉伯金额数字中间有“0”时，汉字大写金额要写“零”字，如¥1 408.40，汉字大写金额应写成人民币壹仟肆佰零捌元肆角整。阿拉伯金额数字中间连续有几个

“0”时，汉字大写金额中可以只写一个“零”字。如￥5 008.15，汉字大写金额应写成人民币伍仟零捌元壹角伍分。阿拉伯金额数字万位或元位是“0”，或者数字中间连续有几个“0”，元位也是“0”，但千位、角位不是“0”时，汉字大写金额中可以只写一个“零”，也可以不写“零”字，如1 460.34，应写成人民币壹仟肆佰陆拾元零叁角肆分，或者写成人民币壹仟肆佰陆拾元叁角肆分。又如￥108 000.33，应写成人民币壹拾万捌仟元零叁角叁分，或者写成人民币壹拾万捌仟元叁角叁分。阿拉伯金额数字角位是“0”，而分位不是“0”时，汉字大写金额“元”后面应写“零”字，如￥15 308.02，应写成人民币壹万伍仟叁佰零捌元零贰分。

5. 顺序使用

对收付款项或实物的凭证要顺序或分类编号，在填制时按照编号的次序使用，不得跳号。如果原始凭证已预先印定编号，在写坏作废时，应加盖“作废”戳记，妥善保管，不得撕毁。

6. 不得涂改、刮擦、挖补

原始凭证有错误的，应当由出具单位重开或更正，更正处应当加盖出具单位印章。原始凭证金额有错误的，应当由出具单位重开，不得在原始凭证上更正。

7. 填制要及时

各种原始凭证一定要及时填写，并按规定的程序及时送交会计机构、会计人员进行审核。做到不积压、不误时，不事后补制。

四、原始凭证的审核

原始凭证填制后，要及时送交会计部门，由会计主管或指定的人员进行审查和核对。审核原始凭证不但是保证会计资料真实可靠的重要措施，而且是发挥会计监督作用的重要手段，必须严肃认真地进行。原始凭证的审核主要有以下几个方面：

1. 形式上审核

(1)外来原始凭证是否加盖有填制单位的公章，是否有接受凭证单位的名称，名、实是否相符。自制原始凭证是否有经办部门主管及经办人签章。通过银行结算的款项，是否有银行的收、付款戳记。付给个人的款项，是否取得收款人出具的收款证明。

(2)凭证上有关项目是否填制齐全，字迹是否清楚，意义是否明确，有单价、数量、金额和合计数的计算是否正确，大写金额是否按规定填写，和小写金额是否相符。

(3)有关经营业务的品种、规格、质量、价格等情况，是否与有关合同、协议相符。应办理检查、收货等手续的，手续是否齐备，用途是否明确。

2. 实质上审核

(1)是否符合国家政策、法规、制度的规定。

(2)是否符合企业的计划、预算、规章的规定。

(3)是否违反财经纪律、损害国家、公众利益的情况。

(4)凭证的日期、内容、金额是否真实无误,有无涂改、添加痕迹。

3. 审核原始凭证的处理原则

对于在审核原始凭证过程中发现的问题,应区分情况,采用不同的处理方法。

(1)对违反国家方针、政策、法规、制度和财经纪律的收支应拒绝办理,并报送单位负责人或有关部门处理。

(2)如果发现内容不全、数字差错、手续不完备以及不符合实际情况的原始凭证,应退回经办部门更正或补充完整。

(3)超计划、预算的费用开支,应由企业管理人员或有关部门研究处理。

(4)发现涂改、伪造、虚报冒领、营私舞弊等情况,应及时报告单位负责人和有关部门,进行严肃处理。

第三节 记账凭证

一、记账凭证的概念及种类

(一)记账凭证的概念

记账凭证是会计人员根据审核无误的原始凭证,按照经济业务的内容加以归类整理,并确定会计分录而填制、作为登记会计账簿的会计凭证。会计主体取得的原始凭证来自各个方面,其格式不一,大小不等,数量繁多,填制也不统一。倘若直接以此登记账簿,既繁琐又容易发生差错。因此,须将审核无误的原始凭证,按照登记账簿的要求进行归类整理,指明账户的名称、记账方向和金额,并填制具有统一格式的记账凭证,然后将相关的原始凭证附在记账凭证后面,这不仅便于账簿的登记,而且有利于原始凭证的保管、对账、查账,进而提高会计工作的质量。

(二)记账凭证的种类

1. 按其记载经济业务内容的范围分类

记账凭证可以分为通用记账凭证和专用记账凭证。

无论什么内容的经济业务,都编制相同格式的记账凭证,这种记账凭证叫通用记账凭证,其格式如表4-6所示。

表 4-6

记账凭证

编号____号

年　月　日　　　　附单据____张

摘　要	总账科目	明细科目	借方金额								√	贷方金额								√
			十	万	千	百	十	元	角	分		十	万	千	百	十	元	角	分	
合　计																				

会计主管　　　记账　　　复核　　　出纳　　　制单

专用记账凭证也称为分类式记账凭证，是按其所记录的经济业务，是否与现金和银行存款的收付业务有关，分别编制的不同格式的记账凭证。具体又可分为收款凭证、付款凭证和转账凭证三种。

收款凭证是用来记录现金和银行存款收入业务的记账凭证，包括现金收款凭证和银行存款收款凭证两种。

付款凭证是用来记录现金和银行存款付出业务的记账凭证，包括现金付款凭证和银行存款付款凭证两种。

转账凭证是用来记录除现金、银行存款收、付业务以外的转账业务的记账凭证。

在实际工作中，为了便于识别及减少差错，通常将收款凭证、付款凭证和转账凭证用不同的颜色印刷。各种专用凭证的一般格式如表 4-7 至表 4-9 所示。

表 4-7

收款凭证

借方科目________　　　年　月　日　　　字　第　号

对方单位（或付款人）	摘　要	贷　方		金　额									记账
		一级科目	二级或明细科目	百	十	万	千	百	十	元	角	分	
合　计													

附单据　张

会计主管　　　记账　　　出纳　　　复核　　　制单

表 4-8

付款凭证

贷方科目________　　　　年　月　日　　　　字 第　　号

对方单位（或付款人）	摘　要	借　方		金　额									记账
		一级科目	二级或明细科目	百	十	万	千	百	十	元	角	分	
合		计											

附单据　张

会计主管　　记账　　出纳　　复核　　制单

表 4-9

转账凭证

字 第____号

年　月　日　　　　附单据____张

摘　要	总账科目	明细科目	借方金额									贷方金额									记账符号
			百	十	万	千	百	十	元	角	分	百	十	万	千	百	十	元	角	分	
	合　计																				

会计主管　　记账　　复核　　制单

2. 按填制方式分类

记账凭证可以分为复式记账凭证和单式记账凭证。

复式记账凭证是指将每一笔经济业务所涉及的借方账户和贷方账户，全部在同一张记账凭证中填列的一种记账凭证。上述收款凭证、付款凭证和转账凭证，以及通用记账凭证均为复式记账凭证。复式记账凭证可以集中反映账户的对应关系，因而便于了解经济业务发生引起资金增减变化的来龙去脉，有利于检查会计分录的正确性；同时，可以减少凭证数量、节省凭证编制的工作量。因此，实际工作中广泛使用复式记账凭证。但复式记账凭证不便于汇总计算每一会计账户的发生额，也不便于会计岗位上的分工记账。

单式记账凭证是指将某项经济业务所涉及的借方账户和贷方账户分别编制两张或两张以上的记账凭证。即每张记账凭证只填列一个账户，借方账户填列借项凭证，贷方账户填列贷项凭证，借贷双方账户对应，金额相等。单式记账凭证，便于汇总计算每一个会计账户的发生额；便于会计岗位上的分工记账。但一张凭证不能反映每一笔经济业务的全貌，不能集中反映账户的对应关系，不便于检验会计分录的正确性。一般适用于业务量较大、又采用科目汇总表核算程序的单位。其格式如表4-10至表4-13所示。

表4-10 借项记账凭证

借方科目：银行存款　　2010年5月10日　　第25号

二级或明细科目	摘　要	记　账	金　额
	收到长城厂前欠货款	√	1 500
合　计			1 500

附件　张

会计主管：　记账：　复核：　出纳：　制单：

表4-11 贷项记账凭证

贷方科目：应收账款　　2010年5月10日　　第10号

二级或明细科目	摘　要	记　账	金　额
长城厂	收到长城厂前欠货款	√	1 500
合　计			1 500

附件　张

会计主管：　记账：　复核：　出纳：　制单：

表4-12 借项记账凭证

借方科目：原材料　　2010年5月10日　　第25号

二级或明细科目	摘　要	记　账	金　额
甲材料	购入	√	30 000
合　计			30 000

附件　张

会计主管：　记账：　复核：　制单：

表4-13 贷项记账凭证

贷方科目：应付账款　　2010年5月10日　　第25号

二级或明细科目	摘　要	记　账	金　额
东方公司	向东方公司购进甲材料，款未付	√	30 000
合　计			30 000

附件　张

会计主管：　记账：　复核：　制单：

二、记账凭证的基本内容

记账凭证的一个重要作用就在于将审核无误的原始凭证中所载有的原始数据通过运用账户和复式记账系统编制会计分录而转换为会计账簿所能接受的专有语言，从而成为登记账簿的直接依据，完成第一次会计确认。因此，作为登记账簿直接依据的记账凭证，虽然种类不同，格式各异，但一般要具备以下的基本内容：

(1)记账凭证的名称，如“收款凭证”、“付款凭证”、“转账凭证”等。

(2)记账凭证的填制日期，一般用年、月、日表示，要注意的是记账凭证的填制日期不一定就是经济业务发生的日期。

(3)记账凭证的编号。

(4)经济业务的内容摘要，由于记账凭证是对原始凭证直接处理的结果，只需将原始凭证上的内容简明扼要的在记账凭证中予以说明即可。

(5)经济业务所涉及的会计科目及金额，这是记账凭证中所要反映的主要内容。

(6)所附原始凭证的张数，以便于日后查证。

(7)有关人员的签字盖章，通过这一步骤，一方面能够明确各自的责任，另一方面又有利于防止在记账过程中出现的某些差错，从而在一定程度上保证了会计信息系统最终所输出会计信息的真实、可靠。

三、记账凭证的填制

(一)记账凭证的填制要求

(1)记账凭证可以根据每一张原始凭证编制，也可以根据原始凭证汇总表编制，但不得将不同内容和类别的原始凭证汇总填制在一张记账凭证上。

(2)各种记账凭证应按顺序连续编号。

采用通用式记账凭证时，一般每月从“1号”开始统一编号。

采用专用式记账凭证时，一般每月按凭证种类即现金收款凭证、现金付款凭证、银行存款收款凭证、银行存款付款凭证和转账凭证，分别从“1号”开始分类编号。

如果一笔经济业务需要填制两张以上记账凭证时，可以采用分数编号法编号。例如，6号记账凭证的经济业务需要填制三张记账凭证，可以分别将其编成$6\frac{1}{3}$、$6\frac{2}{3}$、$6\frac{3}{3}$。

(3)“摘要”栏应简明扼要地填写经济业务的内容,以便查阅、核对和分析经济业务。同时,必须按照统一规定的会计科目及其核算内容,根据经济业务的性质,正确编制会计分录。金额栏“合计”的第一位数字前面要填写货币符号,如人民币符号“¥”。记账凭证填制完经济业务事项后,如有空行,应当自金额栏最后一笔金额数字下的空行处至合计数上的空行处划线注销。

(4)除结账和更正错误的记账凭证可不附原始凭证外,其他记账凭证必须附有原始凭证。

如果一张原始凭证涉及几张记账凭证,可以把原始凭证附在一张主要的记账凭证后面,并在其他记账凭证上注明附有该原始凭证的主要记账凭证的编号或者附上该原始凭证的复印件。

如果一张原始凭证所列的支出,需要由两个以上的单位共同负担,应当由保存该原始凭证的单位开给其他应负担单位原始凭证分割单。原始凭证分割单必须具备原始凭证的基本内容。

(5)采用专用记账凭证时,对于现金与银行存款之间相互划账的业务,为了避免重复记账,一般只编制付款凭证,不编制收款凭证。如从银行提取现金,只编制银行存款付款凭证;以现金存入银行,则只编制现金付款凭证。

出纳人员对于已收讫的收款凭证和已付讫的付款凭证及其所附的原始凭证,应加盖“收讫”或“付讫”的戳记,以避免重收重付。

(6)采用专用记账凭证时,如果一项经济业务既有收(付)款业务,又有转账业务,应当分别编制收(付)款凭证和转账凭证。

(7)如果编制记账凭证时发生错误,应当重新编制。已经登记入账的记账凭证发现错误的,应采用正确的方法进行更正(见第五章错账更正法)。

(8)记账凭证填制完成后,一般应由填制人员、审核人员、会计主管人员、记账人员分别签名盖章,以明确经济责任,并使会计人员互相制约,互相监督,防止错误和舞弊行为的发生。对于收款凭证及付款凭证,还应由出纳人员签名盖章,以证明款项已收讫或付讫。

实行会计电算化的单位,对于机制记账凭证,在审核无误后,上述人员也要加盖印章或签字。

(二)记账凭证的填制方法

1.专用记账凭证的填制方法

(1)收款凭证的填制。收款凭证是根据有关现金和银行存款收款业务的原始凭证填制的。凡是引起现金、银行存款增加的业务(现金、银行存款相互划转业务除外)，都要根据现金、银行存款增加的原始凭证，编制现金、银行存款的收款凭证；出纳人员对于已经收款的收款凭证及其所附的各种原始凭证，都要加盖“收讫”的戳记，以免重收。出纳人员和有关记账人员应根据盖有收讫戳记的收款凭证登记有关账簿。

收款凭证的“借方科目”应该填制“库存现金”科目或“银行存款”科目，收款凭证中的“贷方科目”则应填制与收入现金或收入银行存款相对应的会计科目。

【例 4-1】红星公司 2010 年 3 月 25 日收到伟宏公司偿还前欠货款 10 000 元存入银行。根据该笔经济业务的原始凭证填制收款凭证，如表 4-14 所示。

表 4-14

收款凭证

借方科目 银行存款　　2010 年 3 月 25 日　　银收字第 7 号

对方单位(或付款人)	摘要	贷方		金额									记账
		一级科目	二级或明细科目	百	十	万	千	百	十	元	角	分	
	收到伟宏公司前欠货款	应收账款	伟宏公司			1	0	0	0	0	0	0	
合计					¥	1	0	0	0	0	0	0	

附单据 1 张

会计主管：　　记账：　　出纳：　　复核：　　制单：王韵

(2)付款凭证的填制。付款凭证是根据有关现金和银行存款付款业务的原始凭证填制的。凡是引起现金、银行存款减少的业务，都要根据现金、银行存款减少的原始凭证，编制现金、银行存款的付款凭证。对于现金和银行存款之间的相互划转，如从银行提取现金或把现金送存银行，为避免重复记账，一般只编制付款凭证，而不再编制收款凭证。出纳人员对于已经付款的付款凭证及其所附的各种原始凭证，都要加盖“付讫”的戳记，以免重付。出纳人员和有关记账人员应根据盖有付讫戳记的付款凭证登记有关账簿。

付款凭证的“贷方科目”，应该填制“库存现金”科目或“银行存款”科目，其“借方科目”，则应填制与付出现金或付出银行存款相对应的会计科目。

【例 4-2】红星公司 2010 年 5 月 20 日办公室王盟出差预借差旅费 3 000 元，以现金付讫。根据该笔经济业务的原始凭证填制付款凭证，如表 4-15 所示。

表 4-15 **付款凭证**

贷方科目 库存现金　　　　2010 年 5 月 20 日　　　　现付字第 9 号

对方单位（或付款人）	摘 要	借 方		金 额									记账
		一级科目	二级或明细科目	百	十	万	千	百	十	元	角	分	
	王盟出差预借差旅费	其他应收款	王盟				3	0	0	0	0	0	
合		计				¥	3	0	0	0	0	0	

附单据 1 张

会计主管：　　记账：　　出纳：　　复核：　　制单：王韵

(3)转账凭证的填制。转账凭证是根据转账业务的原始凭证填制的，其格式与收、付款凭证的主要区别是：不设主体科目栏，填制转账凭证时，某项业务涉及的会计科目全部登在会计科目栏内，用借方金额和贷方金额来确定科目的借贷关系。因此，在填写金额时，注意借方科目的金额填入“借方金额”栏，贷方科目的金额填入“贷方金额”栏，其他内容的填制与收、付款凭证相同。

【例 4-3】2010 年 6 月 30 日，红星公司向胜利厂购入 A 材料 40 000 元，增值税 6 800 元，货款暂欠。编制转账凭证，如表 4-16 所示。

表 4-16 **转账凭证**　　　　转字第 1 号

2010 年 6 月 30 日　　　　附单据 2 张

摘 要	总账科目	明细科目	借方金额								√	贷方金额								√
			十	万	千	百	十	元	角	分		十	万	千	百	十	元	角	分	
购入材料	在途物资	A 材料		4	0	0	0	0	0	0										
	应交税费	增值税			6	8	0	0	0	0										
	应付账款	胜利厂											4	6	8	0	0	0	0	
合 计			¥	4	6	8	0	0	0	0		¥	4	6	8	0	0	0	0	

会计主管：　　记账：　　复核：　　制单：王韵

2. 通用记账凭证的填制方法

通用记账凭证是用以记录各种经济业务的凭证。采用通用记账凭证的经济单位，不再根据经济业务的内容分别填制收款凭证、付款凭证和转账凭证，而是将所发生的各种经济业务填制在一种通用格式的记账凭证中。通用记账凭证也不设主体科目栏，其登记方法与转账凭证类似。

【例 4-4】红星公司 2010 年 7 月 5 日从银行提现金 90 000 元备发工资。根据该笔经济业务的原始凭证填制通用记账凭证，如表 4-17 所示。

表 4-17

记账凭证

编号 10 号

2010 年 7 月 5 日

附单据 1 张

摘要	总账科目	明细科目	借方金额								√	贷方金额								√
			十	万	千	百	十	元	角	分		十	万	千	百	十	元	角	分	
提现金	库存现金			9	0	0	0	0	0	0										
	银行存款												9	0	0	0	0	0	0	
合计			¥	9	0	0	0	0	0	0		¥	9	0	0	0	0	0	0	

会计主管：　　记账：　　复核：　　出纳：　　制单：王韵

四、记账凭证的审核

记账凭证的审核是保证账簿记录真实、准确的一个重要环节。因此，除了填制人员应当认真负责，加强自审外，会计部门还应适当相互复核或专人审核的制度。审核的主要内容包括以下三个方面：

(1)记账凭证是否附有原始凭证，记账凭证与所附原始凭证在经济内容和金额上是否一致。

(2)应借、应贷的账户名称和金额是否正确，账户对应关系是否清楚，核算内容是否符合会计制度规定。

(3)记账凭证中的有关项目是否填列齐全，有关人员是否都已签名或盖章。

记账凭证经过审核后，如发现有错误，应查明原因，及时更正。对于审核后正确无误的记账凭证，才能据以登记账簿。按照《会计法》规定，任何单位和个人不得伪造、变造会计凭证。对于伪造、变造会计凭证，授意、指使、强令会计机构、会计人员及其他人员伪造、变造会计凭证的，都应承担相应的法律责任。

第四节　会计凭证的传递和保管

一、会计凭证的传递

会计凭证的传递是指会计凭证从填制或取得起，经过审核、记账、装订到归档为止，在企业有关部门和人员之间按规定的时间、路线办理业务手续和进行处理的过程。它需要根据企业的组织机构和人员分工情况以及各项经营业务的特点来确定。正确、合理地组织会计凭证的传递，对于及时核算和监督企业经营业务，加强企业各有关部门的经济责任，提高企业管理水平都有重要意义。

会计凭证的传递要求：

一是传递的程序要合理。企业要根据本单位的组织机构和人员分工情况，设置合理、有效的凭证的传递程序，做到简洁、高效。

二是传递时间要及时。企业需要根据凭证传递各个环节的工作内容和工作量，以及在正常条件下完成各项工作所需要的时间来确定凭证传递的时间，要明确规定各种凭证在各个环节上停留的最长时间，不能拖延和积压会计凭证，以免影响会计工作的正常秩序。一切会计凭证的传递和处理，都应在报告期内完成，不允许跨期，以免影响会计信息的准确性和及时性。

三是传递的手续要严密。会计凭证是重要的会计资料，在传递过程中，应该做到既完备严密又简便易行。凭证的收发、交接都应按一定的手续办理，以保证会计凭证的安全和完整。

会计凭证的传递程序、传递时间和传递手续明确后，可制成凭证传递图，标明凭证传递的路线、环节，在各环节上的时间、处理内容及交接手续，使凭证传递工作有条不紊、迅速有效地进行。

二、会计凭证的保管

会计凭证是各项经济活动的历史记录，是重要的经济档案。为了便于随时查阅利用，各种会计凭证在办理好各项业务手续，并据以记账后，应由会计部门加以整理、归类，并送交档案部门妥善保管。为了保管好会计凭证，更好地发挥会计凭证的作用，会计凭证的保管方式和要求如下。

(一)会计凭证的整理归类

会计部门在记账以后，应定期(一般为每月)将会计凭证加以归类整理，即把记账凭证及其所附原始凭证，按记账凭证的编号顺序进行整理，在确保记账凭证及其所附原始凭证完整无缺后，将其折叠整齐，加上封面、封底，装订成册，并在装订线上加贴封签，以防散失和任意拆装。在封面上要注明单位名称、凭证种类、所属年月和起讫日期、起讫号码、凭证张数等。会计主管或指定装订人员要在装订线封签处签名或盖章，然后入档保管。

对于那些数量过多或各种随时需要查阅的原始凭证，可以单独装订保管，在封面上注明记账凭证的日期、编号、种类，同时在记账凭证上注明“附件另订”字样。各种经济合同和重要的涉外文件等凭证，应另编目录，单独登记保管，并在有关记账凭证和原始凭证上注明。

(二)会计凭证的造册归档

每年的会计凭证都应由会计部门按照归档的要求，负责整理立卷或装订成册。当年的会计凭证，在会计年度终了后，可暂由会计部门保管一年，期满后，原则上应由会计部门编造清册移交本单位档案部门保管。档案部门接收的会计凭证，原则上要保持原卷册的封装，个别需要拆封重新整理的，应由会计部门和经办人员共同拆封整理，以明确责任。会计凭证必须做到妥善保管，存放有序，查找方便，并要严防毁损、丢失和泄密。

(三)会计凭证的借阅

会计凭证原则上不得借出，如有特殊需要，须报请批准，但不得拆散原卷册，并应限期归还。需要查阅已入档的会计凭证时，必须办理借阅手续。其他单位因特殊原因需要使用原始凭证时，经本单位负责人批准，可以复制。但向外单位提供的原始凭证复印件，应在专设的登记簿上登记，并由提供人员和收取人员共同签名或盖章。

(四)会计凭证的销毁

会计凭证的保管期限，一般为15年。保管期未满，任何人都不得随意销毁会计凭证。按规定销毁会计凭证时，必须开列清单，报经批准后，由档案部门和会计部门共同派员监销。在销毁会计凭证前，监督销毁人员应认真清点核对，销毁后，在销毁清册上签名或盖章，并将监销情况报本单位负责人。

《会计法》规定，对隐匿或者故意销毁依法应当保存的会计凭证；或授意、指使、强令会计机构、会计人员及其他人员隐匿、故意销毁依法应当保存的会计凭证，应当承担相应的法律责任。

复习思考题

一、单项选择题

1. 领料汇总表属于会计凭证中的(　　)。

A. 单式凭证　B. 汇总原始凭证　C. 一次凭证　D. 累计凭证

2. 下列属于外来原始凭证的是(　　)。

A. 银行收账通知单　B. 出库单　C. 入库单　D. 发料汇总表

3. 下列不属于会计凭证的是(　　)。

A. 购销合同　B. 住宿费收据　C. 发货票　D. 领料单

4. 原始凭证按其取得来源的不同,可以分为(　　)。

A. 外来原始凭证和自制原始凭证

B. 单式记账凭证和复式记账凭证

C. 一次凭证和累计凭证

D. 收款凭证、付款凭证和转账凭证

5. 下列不属于原始凭证基本内容的是(　　)。

A. 填制日期　B. 经济业务内容

C. 应借应贷科目　D. 有关人员签章

6. 原始凭证和记账凭证的相同点是(　　)。

A. 所起作用相同　B. 经济责任的当事人相同

C. 反映经济业务的内容相同　D. 编制时间相同

7. 外来原始凭证一般都是(　　)。

A. 汇总原始凭证　B. 记账凭证

C. 一次凭证　D. 累计凭证

8. 企业将现金存入银行应编制(　　)。

A. 银行存款收款凭证　B. 现金收款凭证

C. 银行存款付款凭证　D. 现金付款凭证

二、多项选择题

1. 记账凭证填制以后,必须有专人审核,其审核的主要内容包括(　　)。

A. 是否附有原始凭证

B. 所附原始凭证是否与记账凭证内容相符与完整

C. 会计分录是否正确,对应关系是否清晰

D. 经济业务是否合法与合规,有无违法乱纪等行为

E. 有关项目是否填列完备和有关人员的签章是否齐全

2. 记账凭证编制的依据可以是（　　）。

A. 累计凭证　　B. 汇总原始凭证　　C. 转账凭证

D. 收、付款凭证　　E. 一次凭证

3. 原始凭证审核时应注意下列几方面内容（　　）。

A. 凭证上各项目是否填列齐全完整　　B. 各项目的填写是否正确

C. 凭证反映的业务是否合法　　D. 所运用的会计科目是否正确

E. 数字计算有无错误

4. 下列科目中可能成为付款凭证借方科目的有（　　）。

A. 应付账款　　B. 应交税费　　C. 销售费用

D. 库存现金　　E. 银行存款

5. 转账凭证属于（　　）。

A. 会计凭证　　B. 复式记账凭证　　C. 通用记账凭证

D. 记账凭证　　E. 专用记账凭证

6. 下列凭证中，属于复式记账凭证的有（　　）。

A. 付款凭证　　B. 转账凭证　　C. 通用记账凭证

D. 单科目凭证　　E. 收款凭证

7. 需要在收款凭证和付款凭证上签章的人员有（　　）。

A. 财务主管人员　　B. 记账人员　　C. 审核人员

D. 出纳人员　　E. 制单人员

8. 会计凭证的保管应做到（　　）。

A. 由企业自行销毁

B. 保证会计凭证的安全完整

C. 定期归档以便查阅

D. 查阅会计凭证要有手续

E. 办理了相关手续后方可销毁

三、判断题

1. 自制原始凭证是企业内部经办业务的部门和人员填制的凭证。（　　）

2. 原始凭证是在经济业务发生或完成时取得或编制的。它载明经济业务的具体内容，明确经济责任，是具有法律效力的书面证明。（　　）

3. 外来原始凭证是由外单位填制的，而自制原始凭证则是由本单位财会人员填制的。（　　）

4. 在一笔经济业务中，如果既涉及现金和银行存款的收付，又涉及转账业务时，应同时填制收（或付）款凭证和转账凭证。（　　）

5.会计凭证登账后的整理、装订和归档 2 年后可销毁。(　　)

6.记账凭证按其所反映的经济业务内容不同,可以分为原始凭证、汇总凭证和累计凭证。(　　)

7.付款凭证是只用于银行存款付出业务的记账凭证。(　　)

8.转账凭证是用于不涉及现金和银行存款收付业务的其他转账业务所用的记账凭证。(　　)

9.采用专用记账凭证,当发生现金和银行存款之间相互划转的经济业务时,为了避免重复记账,通常只编制付款凭证,不编制收款凭证。(　　)

10.由于记账凭证是根据原始凭证编制的,所有的记账凭证都必须附有原始凭证。(　　)

第五章　会计账簿

◆知识目标

1. 理解会计账簿的意义和作用。

2. 掌握各种账簿的内容、格式、登记依据。

3. 掌握登记账簿的各种规则。

◆技能目标

1. 能够设置日记账、总分类账、明细分类账。

2. 熟练掌握日记账、总分类账、明细分类账登记方法。

3. 熟练掌握错账更正的方法。

案例导入

小李大学毕业后自主创业，开办了一个养殖场，养殖塘角鱼、竹鼠和鸡。小李聘请了一个出纳员，负责日常的现金收支并登记现金日记账，小李自己保管银行存折。每隔一段时间小李与出纳员核对单据，确认现金数额，并督促出纳员将现金存入银行。除了出纳员登记的现金日记账外，小李不再设置其他账簿。

[思考题]

1. 按小李的安排，他能全面地掌握养殖场的财务情况吗？

2. 小李还应设置哪些会计账簿？

第一节 会计账簿的意义和种类

一、会计账簿的概念

会计账簿是由具有一定格式并相互联系的账页组成,以会计凭证为依据,记录和反映各项经济业务的簿籍。

对企业、事业单位在生产、经营、管理过程中发生的每一笔经济业务都必须加以反映和监督,并取得或填制相应的会计凭证,借以证明各项经济业务的发生、执行和完成情况,明确经济责任。但是,每张会计凭证记载的只是个别经济业务,提供的只是零星的核算资料,而无法全面、系统、连续地反映单位的资金运动情况。为了把各种会计凭证所反映的经济业务进一步系统地汇总、整理,以取得完整、系统的会计核算资料,必须设置会计账簿,通过账簿的登记,对各项经济业务进行连续、系统地记录,提供经济业务总括和明细的核算资料。

二、会计账簿的意义

设置和登记会计账簿是编制会计报表的基础,是会计核算的中心环节,在会计核算中具有重要意义。

1. 为企业日常经营管理提供分类的会计信息

账簿可以为企业的经济管理提供系统、完整的会计核算资料。通过设置与登记账簿,可以对经济业务进行序时、分类核算,将大量分散的会计资料系统地归纳和积累,使之成为有用的、全面的会计信息,为经营管理提供有关企业经营成果、财务状况和相关成本费用的总括和明细资料。

2. 为经济活动的考核、分析、检查提供依据

账簿积累了一定时期有关资产、负债、所有者权益、收入、费用和利润等各会计要素项目的档案资料。根据这些资料及其他相关资料,并采用特定的方法,就可以考核企业的经营成果,加强经济核算,为分析经济活动提供重要的依据。账簿记录可以在账面上反映出企业财产物资的数额,通过与实地盘点的实存数额的对比,可以检查财产物资是否妥善保管,确保财产物资的完整和安全。

3. 为编制会计报表提供依据

会计账簿的记录是编制会计报表的主要来源,编制利润表可以从损益类账户中取得当期的收入、费用的资料;编制资产负债表可以从资产、负债、所有者权益类账户中取得相关的资料。会计账簿分门别类地对经济业务进行登记,汇总整理和

积累一定时期的会计资料，为编制会计报表提供依据。

三、会计账簿的分类

在会计核算中，针对不同的经济业务特点，所设置的账簿的种类是多种多样的，为了正确地设置和登记各种账簿，必须对会计账簿按照不同的标准进行分类。会计账簿可按照用途、外形特征、账页格式进行分类，如图 5-1 所示。

- 会计账簿
  - 按用途分类
    - 日记账簿
      - 普通日记账簿
      - 特种日记账簿
    - 分类账簿
      - 总分类账簿
      - 明细分类账簿
    - 备查账簿
  - 按外表形式分类
    - 订本式账簿
    - 活页式账簿
    - 卡片式账簿
  - 按账页格式分类
    - 三栏式账簿
    - 多栏式账簿
    - 数量金额式账簿
    - 横线登记式账簿

图 5-1　会计账簿的分类

(一)账簿按用途分类

账簿按用途不同可分为日记账簿、分类账簿和备查账簿三种。

1. 日记账簿

日记账簿也称序时账，是按各项经济业务发生的时间顺序，逐日逐笔连续登记的账簿。其特点是序时登记和逐笔登记。

日记账簿又可分为普通日记账簿和特种日记账簿。普通日记账是将企业所发生的全部经济业务，按照发生的时间顺序登记的账簿；特种日记账是用来登记某一类经济业务发生情况的账簿。普通日记账不利于记账分工，因此，我国企业一般都不设置普通日记账。应用较广泛的是特种日记账，大多数企业设置现金日记账和银行存款日记账，分别序时登记与现金、银行存款收付有关的各项经济业务。

2. 分类账簿

分类账簿是对各项经济业务按分类账户进行分类登记的账簿。分类账簿按分类的详细程度不同，分为总分类账簿和明细分类账簿。

总分类账簿简称总账，是根据一级会计科目开设账户，用以全面地、连续地记录和反映全部经济业务的账簿。总分类账可以提供经济活动和财务收支的全面情况，统驭、控制明细分类账，为编制会计报表提供主要依据。

明细分类账簿简称明细账，它是根据明细科目开设账户，用来分类登记某一类经济业务，提供比较详细的核算资料的分类账簿。明细分类账可以提供经济活动和财务收支的详细情况，补充和说明总分类账，也为编制会计报表提供必要的资料。

3. 备查账簿

备查账簿又称辅助账，是对某些在序时账簿和分类账簿中未能记录的经济事项进行补充登记，以便日后备查的一种账簿。备查账簿虽然可以对某些经济业务的内容提供必要的参考资料，如“租入固定资产备查账簿”、“受托加工材料登记簿”、“应收票据备查账簿”等。

序时账和分类账是法律规定会计主体必须设置的账簿，其格式和登记方法都有相关的规定。备查账簿不是必设账簿，企业根据需要而设，其登记依据可以不需要记账凭证，甚至不需要一般意义上的原始凭证，账簿没有固定格式，更注重用文字来表述某项经济业务的发生和完成情况。

(二)账簿按外表形式分类

账簿按外表形式不同可分为订本账、活页账和卡片账三种。

1. 订本账

订本账是在启用之前，就把账页装订成册，并对账面进行连续编号的账簿。订本账的优点是可以避免账页散乱丢失，防止账页被抽换。缺点是同一本账簿在同一时间只能由一个人登记，不便于分工。不能根据需要增减账页，不便于准确地为各账户预留账页。订本账簿适用于现金日记账、银行存款日记账、总分类账。

2. 活页账

活页账是将分散的账页装存在账夹内，而不固定装订，可以随时增减账页的账簿。当账簿登记完毕之后，通常是一个会计年度结束之后，将账页装订成册，具封面，并给各账页连续编号。活页账的优点是灵活性大，可根据需要随时增减账页，登记比较方便，便于分工记账。缺点是账页容易散乱丢失和被抽换，在使用时应该注意妥善保管。活页账簿一般适用于明细分类账。

3. 卡片账

卡片账是指由具有一定格式的分散的卡片所组成的账簿。卡片式账簿实质上也属于活页式账簿，分类排列、放在一个特制的卡片箱内，由记账人员保管，可以随时取出和放入。卡片账的优缺点与活页账相同。卡片账簿可以跨年度长期使用，无需每年更换。适用于固定资产等使用时间较长、日常变化较少的明细账。

(三)账簿按账页格式分类

账簿按账页格式不同分为三栏式、多栏式、数量金额式和横线登记式四种。

1. 三栏式账簿

三栏式账簿是指由设有借方、贷方和余额三个基本金额栏的账页所组成的账簿。三栏式账簿是账簿的基本形式，主要适用于总账、日记账和只进行金额核算不进行数量核算的明细账，如表 5-1 所示。

表 5-1 总 账

（三栏式）

会计科目： 第 页

年		凭证		摘 要	借方	贷方	借或贷	余额
月	日	字	号					

2. 数量金额式账簿

数量金额式账簿是指在收入栏、发出栏和结存栏下都分别设置数量、单位和金额三个小栏的账页组成的账簿。数量金额式账簿适用于既需要进行金额核算又需要进行数量核算的财产物资，并借以反映各种财产物资的实物数量和价值量。原材料、库存商品等明细账一般都采用数量金额式账簿，如表 5-2 所示。

表 5-2 材料 明细账

（数量金额式）

类别： 最高储备量：

品名或规格： 最低储备量：

存放地点： 计量单位：

第 页

年		凭证		摘要	收 入			发 出			结 存		
月	日	字	号		数量	单价	金额	数量	单价	金额	数量	单价	金额

3. 多栏式账簿

多栏式账簿是由三个以上金额栏的账页组成的账簿。多栏式账页在三栏式账页的基础上，在借方、贷方下再设置若干栏，分别登记各项目的金额。这种账簿多用于反映各种收入、费用支出的明细账，如"管理费用"、"制造费用"、"生成成本"等明细账，如表5-3所示。

表5-3　　制造费用　明细分类账

（多栏式）　　第　页

年		凭证		摘要	借方					贷方	余额
月	日	字	号		工资和福利费	折旧费	修理费	水电费	合计		

4. 横线登记式账簿

横线登记式账簿也称平行式明细分类账。其特点是在同一行内登记前后密切相关的经济业务，以检查每项业务完成及变动情况。适用于材料采购、应收票据和一次性备用金业务的核算，如表5-4所示。

表5-4　　其他应收款　明细分类账

二级或明细科目：　　（横线登记式）　　第　页

年		凭证号	摘要	借方			年		凭证号	摘要	借方			余额
月	日			原借	补付	合计	月	日			报销	退款	合计	

第二节　记 账 规 则

一、会计账簿的启用规则

会计账簿的种类较多、格式不同，一般应具备以下基本内容：

封面，主要写明账簿的名称和记账单位名称等信息。

扉页，扉页主要列明账簿科目索引，标明账簿启用的日期和截止日期，页数，册数；经管账簿人员一览表等。

账页，账页格式有多种形式，一般包括账户的名称、登记账户的日期栏、凭证种类和号码栏、摘要栏、金额栏、总页次和分户页次等基本内容。

为了保证账簿记录的合法性、合理性及会计账簿的完整性，明确会计人员的责任，在启用新账簿时，会计人员应遵守以下规则：

(1)会计人员启用账簿时，应当在账簿封面上写明单位名称和账簿名称，并在账簿扉页上附"账簿启用及交接表"，格式如表5-5所示。"账簿启用及交接表"上应填写单位名称、账簿名称、账簿册数、账簿页数、启用日期、账簿编号等，加盖公章，由记账人员及会计主管人员签名或盖章。

表5-5 账簿启用及交接表

账簿名称：__________ 单位名称：__________

账簿编号：__________ 账簿册数：__________

账簿页数：__________ 启用日期：__________

会计主管：__________ 记账人员：__________

移交日期			移交人		接管日期			接管人		会计主管	
年	月	日	姓名	盖章	年	月	日	姓名	盖章	姓名	盖章

(2)会计人员发生变更时，原记账人员必须与接管人员办清交接手续，由会计机构负责人(会计主管人员)监交，并填写"账簿启用及交接表"中的交接部分。"账簿启用及交接表"中的交接部分主要包括接移交人员签章、接管人员签章、会计主管人员签章、交接日期等项目。

(3)启用订本式账簿，应当从第一页到最后一页顺序编定页码，不得跳页、缺号，并在启用前将页数登记在"账簿启用及交接表"中。使用活页式账簿，应按账户顺序编号，并定期装订成册，再按实际使用的账页顺序编定页码，并将数登记在"账簿启用及交接表"中，另加目录，记录各账户的名称和页次。

二、会计账簿的登记规则

(1)登记账簿必须以审核无误的会计凭证为依据。为了保证账簿记录的正确性，必须根据审核无误的记账凭证、原始凭证和原始凭证汇总表登记账簿。将会计凭证的日期、编号、经济业务内容的摘要、金额逐项登记入账，登记完毕后，记账人员要在记账凭证上签名或盖章，同时在记账凭证的“过账”栏内画“√”符号或注明账簿的页数，表示已经登记入账，以避免重记、漏记。

(2)经济业务必须在规定时间内及时登记入账。现金和银行存款日记账应当根据办理完毕的收付款凭证，逐日逐笔进行登记。总账按照单位所采用的会计核算形式及时登记。各种明细账，要根据记账凭证、原始凭证每天进行登记，也可以定期汇总登记。

(3)账簿的记录必须清晰、耐久、防止涂改。登记账簿必须使用蓝黑墨水或碳素墨水钢笔书写，不得使用铅笔或圆珠笔，以防涂改，并保持账簿记录清晰。红色数字在会计核算中表示负数，是对蓝色、黑色数字的冲减、冲销，只能在结账划线、改错、冲销账簿记录以及表示余额为负数等特定情况下使用红色墨水钢笔书写。

(4)书写必须规范。账簿的摘要和其他文字书写要清晰、规范，金额栏的数字应与账页上标明的位数对准，没有角分的整数，应在角分位数写“00”，不得省略不写。文字、数字要紧靠底线书写，不要写满格，字体大小约为每格的1/2，以便留有改错的空间。各账户结出余额后，应在“借或贷”栏内注明余额方向(“借”或“贷”)。没有余额的账户在“借或贷”栏内写“平”字，并在余额栏内写“0”。

(5)账簿记录必须逐页结转。每登记满一张账页时，应在最后一行登记本页借、贷方合计数和余额，并在“摘要”栏中写明“过次页”字样；然后将借、贷方合计数和余额记入下一账页的第一行，并在“摘要”栏中写明“承前页”字样。各种账簿都必须按编写的页次逐页、按行序连续登记，不得隔页、跳行登记。如果发生隔页、跳行登记，应将空页、空行用红色墨水对角划线，注明“此页空白”、“此行空白”字样，并由记账人员签名或盖章，以示负责。

(6)必须按照规定的方法更正错账。如果发现账簿记录有差错，应根据错误的具体情况，采用规定的方法予以更正，不得涂改、挖补、刮擦或用褪色药水消除原有字迹。

第三节 会计账簿的设置和登记

会计账簿的设置，包括确定账簿的种类、设计账页、内容和规定账簿的登记方法等。

会计账簿设置应适合企业的规模和特点，以及经营管理的需要，既要保证连续、系统、全面、综合地反映本单位的经济活动情况，为编报会计报表提供核算资料，又要严密精简，避免重叠、繁琐和遗漏，有利于节约人力、物力，提高工作效率。因此，账簿设置应做到总账、明细账和序时账相结合，层次清楚，便于分工。

一、日记账的设置和登记

日记账是按各项经济业务发生的时间顺序，逐日逐笔连续登记的账簿，分为普通日记账和特种日记账簿。

(一)普通日记账

普通日记账是序时逐笔登记企业全部经济业务的账簿，一般设置"借方金额"和"贷方金额"两栏，登记每一会计分录的借方账户和贷方账户及金额，不结余额。其格式如表 5-6 所示。

表 5-6 普通日记账

第　　页

年		会计科目	摘　要	借方金额	贷方金额	过账
月	日					

(二)特种日记账

特种日记账是用来登记某一类经济业务发生情况的账簿。常见的特种日记账有现金日记账、银行存款日记账、转账日记账。

1. 现金日记账

现金日记账通常是由出纳员根据审核无误后的现金收款、付款凭证，逐日逐笔按照经济业务发生的顺序登记的账簿。对于从银行提取现金的业务，只填制银行存款付款凭证，不填制现金收款凭证，现金的收入数，应根据银行存款付款凭证登记。其格式有三栏式和多栏式两种，都必须使用订本账。

三栏式现金日记账设置收入、支出、结余三个金额栏。其格式如表 5-7 所示。

表 5-7

现金日记账

（三栏式）

第　　页

年		凭证		摘　　要	对方科目	收入	支出	结余
月	日	字	号					

现金日记账的登记方法如表 5-8 所示。

(1)日期栏。登记记账凭证的日期，应与现金实际收付的日期一致。

(2)凭证字号栏。登记入账的收付款凭证的种类和编号。

(3)摘要栏。登记经济业务的简要说明，文字要简练，并能说明问题。

(4)对方科目栏。登记现金收入的来源科目或支出的用途科目。

(5)借方栏。根据现金收款凭证，登记现金实际收入的金额，注意从银行提取现金，由于只填制银行存款付款凭证，登记现金收入时只能以银行存款付款凭证为依据。

(6)贷方栏。根据现金付款凭证登记现金实际付出的金额。

(7)余额栏。每日终了计算现金余额，做到日清。

(8)每月终了，计算全月现金的收入、支出的合计数，做到月结。

出纳人员应在每日终了，应将当日现金账面余额与现金实有数相核对。如果账面余额与现金不相符，应及时查明原因，并做出相应处理。

表 5-8

现金日记账

（三栏式）

第　　页

年		凭证		摘　　要	对方科目	收入	支出	结余
月	日	字	号					
3	1			期初余额				100
	1	银付	1	提现金	银行存款	2 000		2 100
	1	现付	1	购买办公用品	管理费用		500	1 600
	2	现付	2	预付赵明差旅费	其他应收款		1 000	600
	31			本月合计		19 500	19 100	500

多栏式现金日记账将“收入”、“ 支出”栏按对应科目分设专栏，采用多栏式现金日记账往往同时设置现金收入日记账和现金支出日记账两本账，其格式如表5-9、表5-10所示。

表5-9 **现金收入日记账**

（多栏式） 第 页

年		收款凭证		摘　要	贷方科目				支出合计	余额
月	日	字	号					收入合计		

表5-10 **现金支出日记账**

（多栏式） 第 页

年		付款凭证		摘　要	借方科目				
月	日	字	号						支出合计

多栏式现金日记账登记方法如表5-11、表5-12所示。

(1)出纳人员根据审核无误的收、付款凭证序时逐笔分别登记现金收入日记账和现金支出日记账。

(2)每日终了，将现金支出日记账中当日支出合计数过入现金收入日记账中“支出合计”栏内。

(3)每日终了，现金收入日记账结计当日现金账面结余数。

(4)每月终了，计算全月现金的收入、支出的合计数及对应科目的合计数。

表 5-11

现金收入日记账

（多栏式）

第　　页

2008年		收款凭证		摘　要	贷方科目				支出合计	余　额
月	日	字	号		银行存款	其他应收款	其他业务收入	收入合计		
4	1			期初余额						100
	6	银付	1	提现金	10 000			10 000		10 100
	8	现收	1	收回预支款		200		200		10 300
	19			转记					500	9 800
	20	现收	2	收到租金收入			800	800		10 600
	25			转记					4 000	6 600
	29			转记					300	6 300
	30			本月合计	10 000	200	800	11 000	4 800	6 300

表 5-12

现金支出日记账

（多栏式）

第　　页

2008年		付款凭证		摘　要	借方科目				支出合计
月	日	字	号		管理费用	应付职工薪酬	销售费用		
4	19	现付	1	购买办公用品	500				500
	25	现付	3	发放工资		4 000			4 000
	29	现付	4	支付广告费			300		300
	30			本月合计	500	4 000	300		4 800

2. 银行存款日记账

银行存款日记账是由出纳人员根据审核无误的银行收款、付款凭证，按照经济业务发生的顺序逐日逐笔登记的账簿。其格式有三栏式和多栏式两种，都必须使用订本账。三栏式银行存款日记账格式如表 5-13 所示。

表 5-13

银行存款日记账

（三栏式）

第　　页

2008 年		凭证		摘　要	结算凭证		对方科目	收入	支出	结余
月	日	字	号		种类	号数				
2	1			期初余额						90 000
	1	银付	1	提现	现金支票	201	库存现金		1 000	89 000
	2	银付	2	支付货款	转账支票	301	原材料		3 000	86 000
	6	银收	1	收到货款	转账支票	412	应收账款	4 000		90 000
	29			本月合计				163 500	184 200	69 300

银行存款日记账的登记方法与现金日记账类似。出纳人员根据银行存款收款或付款凭证登记银行存款日记账，并在“结算凭证”栏内注明原始收款或付款凭证的种类、号码，以便与开户银行核对。

二、分类账的设置和登记

（一）总分类账

总分类账简称“总账”，是按照总分类账户开设和登记的账簿。为了总括地反映各单位的经济活动情况，每个单位都应当按照国家会计制度规定的一级会计科目设置总账。总分类账一般采用借、贷、余三栏式的订本账，其格式如表 5-14 所示。

表 5-14

总　账

会计科目：应收账款

第　　页

2008 年		凭证		摘　要	借方	贷方	借或贷	余额
月	日	字	号					
3	1			期初余额			借	6 000
	12	转	3	出售 A 商品，款未收	12 000			
	25	银收	14	收回前欠货款		4 000		
	28	转	25	出售 B 商品，款未收	7 000			
	31			本月合计	19 000	4 000	借	21 000

总分类账的登记方法根据各单位采用的会计核算程序的不同而有所不同。总分类账可以根据记账凭证逐笔登记，也可以科目汇总表或汇总记账凭证登记。月终，登记全部经济业务后，结出各账户本期借方发生额、贷方发生额合计数和期末余额。在“借或贷”栏注明期末余额的方向。

(二)明细分类账

明细分类账简称明细账，是按照二级科目或明细科目设置，对各项经济业务按明细分类账户进行分类、连续地登记的账簿。明细分类账通常采用活页式账簿。各单位在设置总分类账的基础上，应根据需要设置若干必要的明细分类账，作为总分类账的详细反映和补充。

明细分类账可根据记账凭证、原始凭证和原始凭证汇总表每天进行登记或定期登记。

常用的明细分类账的格式有三种：三栏式、数量金额式和多栏式。

1. 三栏式明细分类账

三栏式明细分类账的账页格式，与三栏式总分类账相同，设有借方、贷方和余额三个金额栏。这种格式适用于只要求进行金额核算，不需要进行数量核算的明细分类账，如应收账款、应付账款、应交税费等往来结算账户。三栏式明细账的账页格式及登记方法如表 5-15 所示。

表 5-15　　应收账款　明细分类账

明细科目：科灵公司　　第　页

2008 年		凭证		摘　要	借方	贷方	借或贷	余额
月	日	字	号					
4	1			期初余额			借	20 000
	5	转	1	销售 A 产品，款未收	12 000		借	32 000
	29	银收	2	收回货款		20 000	借	12 000
	30			本月合计	12 000	20 000	借	12 000

2. 数量金额式明细分类账

数量金额式明细账的账页格式开设收入、发出和结存三大栏，在各大栏内又设有数量、单价、金额三小栏，这种格式适用于既要进行金额核算，又要进行实物数量核算的各种财产物资科目的明细核算，如“原材料”、“库存商品”等科目的明细分类核算。数量金额式明细分类账的账页格式及登记方法如表 5-16 所示。

表 5-16 材料 明细账

类别:原料及主要材料　　　　最高储备量:1 000

品名或规格:A 材料　　　　最低储备量:200

存放地点:1 号库　　　　计量单位:千克

第　页

2008 年		凭证		摘　要	收　入			发　出			结　存		
月	日	字	号		数量	单价	金额	数量	单价	金额	数量	单价	金额
3	1			期初余额							200	10	2 000
	6			购入	300	10	3 000				500	10	5 000
	12			领用				100	10	1 000	400	10	4 000
	18			购入	200	10	2 000				600	10	6 000
	23			领用				300	10	3 000	300	10	3 000
	28			购入	500	10	5 000				800	10	8 000
	31			本月合计	1 000	10	10 000	400	10	4 000	800	10	8 000

3. 多栏式明细分类账

多栏式明细分类账的账页按有关明细科目或明细项目分设若干专栏,适用于明细项目多、借贷方向单一的账户的明细核算,如“管理费用”、“制造费用”等科目的明细分类核算。多栏式明细分类账便于在同一张账页上集中反映各有关明细科目或明细项目的详细核算,平时可根据记账凭证、原始凭证、原始凭证汇总表,逐日逐笔或定期登记入有关专栏。多栏式明细分类账的账页格式及登记方法如表 5-17 所示。

表 5-17 制造费用 明细分类账

明细科目:一车间　　　　第　页

2008 年		凭证		摘　要	借　方					贷方	余额
月	日	字	号		工资和福利费	折旧费	修理费	水电费	合计		
3	25	现付	15	支付修理费			300		300		
		银付	23	支付水电费				1 500	1 500		
	31	转	31	计提工资及福利	3 200				3 200		
	31	转	36	计提折旧		1 000			1 000		
	31	转	37	分配制造费用						6 000	
	31			本月合计	3 200	1 000	300	1 500	6 000	6 000	0

4. 横线登记式账簿

横线登记式账簿也称平行式明细分类账。这种明细账也是一种多栏式明细账，其登记方法是采用横线登记，即将前后相关的经济业务登记在一行，从而可从每一行的登记是否齐全来判断该项业务完成及变动情况，适用于材料采购、应收票据和一次性备用金业务的核算，其登记方法如表 5-18 所示。.

表 5-18　　其他应收款　明细分类账

二级或明细科目：备用金　　　　第　页

2008 年		凭证号	摘要	借　方			年		凭证号	摘要	贷　方			余额
月	日			原借	补付	合计	月	日			报销	退款	合计	
3	6	7	郭峰	700		700								
3	20	13	林梅	500		500	3	30	75	报销	500		500	0

三、总分类账和明细分类账的平行登记

总分类账与明细分类账之间的平行登记就是根据会计凭证，将所发生的每一项经济业务记入有关总分类账，同时记入总账所属的明细账户的方法。总分类账与明细分类账平行登记的方法要点如下：

1. 同时间登记

每一项经济业务发生后，要根据同一凭证，在同一时期，一方面记入有关的总分类账户，另一方面要记入同期该总分类账所属的有关各明细分类账户。

2. 同方向登记

记入总分类账户和明细分类账户的记账方向(借方或贷方)应相同。

3. 同金额登记

记入总分类账户的金额应与记入其所属明细分类账户金额之和相等。

【例 5-1】远凯公司总分类账簿中“应收账款”账户在 2008 年 3 月 1 日的期初余额为借方 60 000 元，其中：应收 A 公司 20 000 元，应收 B 公司 40 000 元。

3 月份，该公司发生有关业务如下：

(1)12 日，向 A 公司销售丙商品 500 件，单价 200 元，增值税率 17%，价税合计 117 000 元，货款尚未收到。

(2)25 日，收回 B 公司归还的货款 30 000 元，存入银行。

(3)28 日,向 B 公司发出丁商品一批 100 件,单价 500 元,增值税率 17%,价税合计 58 500 元,货款尚未收到。

将上述经济业务在“应收账款”总账及其所属明细账中进行平行登记,如表 5-19 至表 5-21 所示。

表 5-19

总 账

会计科目:应收账款　　　　第　页

2008年		凭证		摘要	借方	贷方	借或贷	余额
月	日	字	号					
3	1			期初余额			借	60 000
	12	转	3	出售丙商品,款未收	117 000			
	25	银收	14	收回前欠货款		30 000		
	28	转	25	出售丁商品,款未收	58 500			
	31			本月合计	175 500	30 000	借	205 500

表 5-20

应收账款　明细分类账

明细科目:A 公司　　　　第　页

2008年		凭证		摘要	借方	贷方	借或贷	余额
月	日	字	号					
3	1			期初余额			借	20 000
	12	转	3	出售丙商品,款未收	117 000		借	137 000
	31			本月合计	117 000		借	137 000

表 5-21

应收账款　明细分类账

明细科目:B 公司　　　　第　页

2008年		凭证		摘要	借方	贷方	借或贷	余额
月	日	字	号					
3	1			期初余额			借	40 000
	25	银收	14	收回前欠货款		30 000	借	10 000
	28	转	25	出售丁商品,款未收	58 500		借	68 500
	31			本月合计	58 500	30 000	借	68 500

检查账簿平行登记的结果是否正确,可以从账簿记录的发生额和余额两方面来验证,即总账发生额应等于所属明细账簿发生额合计数,总账余额应等于所属明细账簿余额合计数。

四、错账更正

由于记账差错的情况不同，错账的更正方法也不同，主要有划线更正法、红字更正法和补充登记法。

1. 划线更正法

记账凭证正确，在记账或结账过程中发现账簿记录中文字或数字有错误，应采用划线更正法对错账进行更正。具体更正方法是：先在错误数字或文字上划一条红线予以注销，并使原来的字迹仍可辨认，然后在红线上方空白处，用蓝笔或黑笔写上正确数字，并由更正人员在更正处盖章。更正错误的数字时，必须将整笔金额划线注销并加以更正，不能只划整笔金额中的个别数字。文字错误，则可只划去错误文字。

【例 5-2】记账人员登账时，发现根据的记账凭证正确，但"应交税费"总账贷方发生额 29 300 元误记为 23 900 元。应采用划线更正法对错账进行更正。更正方法如表 5-22 所示。

表 5-22　**总　账**

一级科目：应交税费　　　　第　　页

2008 年		凭证		摘　要	借　方	贷　方	借或贷	余　额
月	日	字	号					
3	1			上月结余			借	1 300
	5	转	30	计提本月所得税		29 300 ~~23 900~~ 林冬		

2. 红字更正法

红字更正法，也叫赤字冲账法或红笔订正法。记账之后，发现记账凭证有错误，可采用红字更正法进行更正，具体更正方法是：先用红字填写一张与错误凭证完全相同的记账凭证，在"摘要"栏中注明"冲销×月×日第×号凭证的错误"，并据以用红字登记入账，冲销原有账簿的错误记录；然后，用蓝字重新填制一张正确的记账凭证，在"摘要"栏注明"更正×月×日第×号凭证的错误"，并据以登记入账。

红字更正法适用于下列两种情况：

(1)记账后，发现记账凭证应借、应贷会计科目错误，导致记账错误。

【例 5-3】远凯公司以开出现金支票 2 000 元购买办公用品。会计人员编制记账凭证,并据以登记入账,编制的记账凭证如表 5-23 所示。

表 5-23

付款凭证

贷方科目:库存现金　　2008 年 3 月 10 日　　现付字　第 20 号

对方单位(或收款人)	摘　要	借　方		金　额									记账
		科目	子细目	百	十	万	千	百	十	元	角	分	
	购买办公用品	管理费用	办公费				2	0	0	0	0	0	√
合　计						¥	2	0	0	0	0	0	√

附单据 2 张

会计主管　　记账 林冬　　出纳 张丽　　复核　　制单 李平

月末对账后发现,原记账凭证中,用错了会计科目,导致账簿记录出现差错。采用红字更正法进行更正:

第一步　用红字金额填制一张与原记账凭证科目、方向、金额相同的记账凭证,并据以登记入账,冲销原错误记录,如表 5-24 所示。

表 5-24

付款凭证

贷方科目:库存现金　　2008 年 3 月 31 日　　现付字　第 21 号

对方单位(或收款人)	摘　要	借　方		金　额									记账
		科目	子细目	百	十	万	千	百	十	元	角	分	
	冲销 3 月 10 日	管理费用	办公费				2	0	0	0	0	0	
	现付字第 20 号												
	凭证												
合　计						¥	2	0	0	0	0	0	

附单据　张

会计主管　　记账　　出纳　　复核　　制单 李平

第二步　用蓝字填制一张正确的记账凭证，并据以登记入账，如表 5-25 所示。

表 5-25

付款凭证

贷方科目：银行存款　　　　2008 年 3 月 31 日　　　　银付字　第 36 号

对方单位（或收款人）	摘　要	借　方		金　额									记账
		科目	子细目	百	十	万	千	百	十	元	角	分	
	更正 3 月 10 日	管理费用	办公费				2	0	0	0	0	0	
	现付字第 20 号												
	凭证												
合　计						￥	2	0	0	0	0	0	

附单据　张

会计主管　　　记账　　　出纳　　　复核　　　制单 李平

（2）记账后，如果发现记账凭证中应借、应贷科目正确无误，但所记金额大于应记金额，导致记账错误，可用红字更正法进行更正。

【例 5-4】远凯公司以开出现金支票 2 000 元购买办公用品。会计人员编制记账凭证，并据以登记入账，编制的记账凭证如表 5-26 所示。

表 5-26

付款凭证

贷方科目：银行存款　　　　2008 年 3 月 15 日　　　　银付字　第 24 号

对方单位（或收款人）	摘　要	借　方		金　额									记账
		科目	子细目	百	十	万	千	百	十	元	角	分	
	购买办公用品	管理费用	办公费				7	0	0	0	0	0	√
合　计						￥	7	0	0	0	0	0	√

附单据 2 张

会计主管　　　记账 林冬　　　出纳 张丽　　　复核　　　制单 李平

月末对账后发现，原记账凭证中，会计科目正确，但所记金额大于应记金额，多记了 5 000 元，导致账簿记录出现差错。采用红字更正法进行更正：

将多记的金额 5 000 元用红字填制一张记账凭证，该凭证的科目方向与原凭证相同，并据以登记入账，以冲销多记的金额。编制的记账凭证如表 5-27 所示。

表 5-27

付款凭证

贷方科目：银行存款　　2008 年 3 月 31 日　　银付字　第 37 号

对方单位（或收款人）	摘要	借方		金额									记账
		科目	子细目	百	十	万	千	百	十	元	角	分	
	冲销银付字第	管理费用	办公费				5	0	0	0	0	0	
	24 号多计金额												
	5 000 元												
合计						¥	5	0	0	0	0	0	

附单据　张

会计主管　　记账　　出纳　　复核　　制单 李平

红字凭证的填制日期应是填制更正凭证当日的日期；红字凭证的编号是更正时凭证的顺序编号；红字凭证的摘要描述是冲销或更正事件；红字凭证所填写的金额是红字，并且没有附件。

3. 补充登记法

在记账之后，如果发现记账凭证应借、应贷科目正确，只是所记金额小于应记金额，导致账簿记录错误，应采用补充登记法予以更正。具体操作方法是：用蓝字按原记账凭证的应借应贷会计科目填制一张记账凭证，补足少记金额，在“摘要”栏注明“补记×月×日第×号凭证少记金额”，并据以登记入账。

【例 5-5】远凯公司验收入库 A 材料 40 000 元。在填制记账凭证时，误将金额填为 4 000 元，编制的错误记账凭证如表 5-28 所示。

表 5-28

转账凭证

转字第 1 号

2008 年 3 月 15 日　　附单据 1 张

摘要	总账科目	明细科目	借方金额								√	贷方金额								√
			十	万	千	百	十	元	角	分		十	万	千	百	十	元	角	分	
A 材料验	原材料	A 材料			4	0	0	0	0	0	√									
收入库	在途物资	A 材料												4	0	0	0	0	0	√
合　计				¥	4	0	0	0	0	0			¥	4	0	0	0	0	0	

会计主管　　记账 林冬　　复核　　制单 李平

原凭证科目正确，但少记的金额 36 000 元。采用补充登记法更正，用蓝字填制一张记账凭证，并据以登记入账。上述错误更正时，将少记的金额 36 000 元用蓝字填制一张记账凭证，并据以登记入账，补足金额。编制的记账凭证如表 5-29 所示。

表 5-29

转账凭证

转字第 46 号

2008 年 3 月 31 日　　附单据____张

摘要	总账科目	明细科目	借方金额								√	贷方金额								√
			十	万	千	百	十	元	角	分		十	万	千	百	十	元	角	分	
补充登记	原材料	A 材料		3	6	0	0	0	0	0	√									
转字第 1 号	在途物资	A 材料											3	6	0	0	0	0	0	√
凭证少记																				
金额																				
合　计			¥	3	6	0	0	0	0	0		¥	3	6	0	0	0	0	0	

会计主管　　记账　　复核　　制单 李平

第四节 对账和结账

一、对账

对账是指为保证账簿记录的真实可靠而对账簿记录进行的核对工作。对账内容主要包括以下三个方面：

1. 账证核对

账证核对是指各种账簿记录与会计凭证进行相互核对，做到账证相符。主要核对种账簿记录与会计凭证的时间、凭证字号、内容、金额、记账方向等是否一致。这种核对工作应在日常记账过程中进行，便于及时发现和更正错账。保证账证核对是账账相符、账实相符的基础。结账时，如果发现账账不符，就应对账簿记录与会计凭证重新进行核对，查明原因。

2. 账账核对

账账核对是指各种账簿之间有关指标数字的相互核对。核对的内容主要包括：

(1)总分类账簿记录核对。在借贷记账法下，按照“有借必有贷，借贷必相等”的记账规则，总分类账簿各账户的借方期末余额合计数与贷方期末余额合计数、借方发生额合计数与贷方发生额合计数存在着平衡关系。通过这种平衡关系，可以检查总账记录是否正确。这项核对工作通常通过编制总分类账户发生额及余额试算平衡表来完成。在试算平衡表中，各个账户借方余额合计数应等于贷方余额合计数，借方发生额合计数应等于贷方发生额合计数。如果不相等，则说明有差错，应查明原因，更正账簿记录。

(2)总分类账簿与明细分类账簿核对。总分类账的借方、贷方本期发生额和期末余额与所属明细账的借方、贷方本期发生额和期末余额之和核对相符。

(3)总分类账簿与日记账簿核对。总分类账的现金和银行存款账户的余额与现金日记账和银行存款日记账的余额核对相符。

(4)明细分类账簿核对。会计部门各种财产物资明细分类账的期末余额与财产物资保管部门和使用部门的有关财产物资明细分类账的期末余额核对相符。

3. 账实核对

账实核对是指各种财产物资、债权、债务等账面余额与实存数额相核对。这种核对工作是通过财产清查来进行的，账实核对的内容主要包括：

(1)现金日记账的账面余额与库存现金数额逐日核对相符。

(2)银行存款日记账的账面记录与开户银行发来的对账单进行逐笔核对。

(3)各种债权、债务明细分类账账面余额与对方单位的账面记录核对相符。

(4)各种材料、物资明细分类账账面余额与材料、物资的实存数额相核对。

二、结账

结账是指将账簿记录定期结算，正确的结清各类账目有利于确定财务成果，编制会计报表，各单位必须按照会计制度的要求，在各会计期末(月末、季末、年末)终了时进行结账。

(一)结账的程序

(1)将本期发生的经济业务全部登记入账，并保证其正确性。

(2)根据权责发生制的原则，调整有关账项，合理确定本期应计的收入和费用。

(3)将损益类科目转入“本年利润”科目，结平所有损益类账户。

(4)结出资产、负债和所有者权益类科目的本期发生额合计和期末余额，并将余额结转下期。

(二)结账的方法

按结账期间不同，结账可分为月结、季结和年结。

1.月结

对不需按月计结本期发生额的账户，每次记账后，都要随时结出余额，每月最后一笔余额即为月末余额。月末结账时，只需要在最后一笔经济业务事项记录这下通栏划单红线。不需再结计一次余额。

库存现金、银行存款日记账和需要按月结计发生额的收入、费用等明细账，每月结账时，在最后一笔经济业务事项记录下面通栏划单红线，结出本月借方、贷方发生额合计和月末余额，并在“摘要”栏内注明“本月合计”字样，在本月合计下面通栏再划单红线。总账平时只需结出月末余额。

需要结计本年累计发生额的账户，每月结账时，应在“本月合计”行下结出自年初至本月末止的累计发生额，登记的月份发生额下面，在“摘要”栏内注明“本年累计”字样，并在下面通栏再划单红线。

2.季结

在本季度最后一个月“月结”数字的红线下面一行，将本季度三个月的借、贷方发生额月结数加总，结出季末余额，并在“摘要”栏内注明“本季合计”字样，在季结数字下再划单红线。

3.年结

年终结账时，将所有总账账户结出全年发生额和年末余额，在“摘要”栏内注明

“本年合计”字样，并在合计数下通栏划双红线。

年度终了结账后，有余额的账户，应将账户的年末余额结转下年，在账户的“摘要”栏内注明“结转下年”，不需要编制记账凭证。下一年度启用新账簿，在新建账户的第一行“余额”栏内填写上年结转的余额，并在“摘要”栏内注明“上年结转”字样。结账方法如表 5-30 所示。

表 5-30　　现金日记账　　第　页

2007 年		凭证		摘　要	对方科目	借　方	贷　方	余　额
月	日	字	号					
1	1			上年结转				600
	1	银付	1	提现金	银行存款	2 000		2 100
	1	现付	1	购买办公用品	管理费用		500	1 600
	2	现付	2	预付赵明差旅费	其他应收款		1 000	600
12	31			本月合计		19 500	19 100	1 000
	31			本季合计		54 000	53 600	1 000
	31			本年累计		871 000	870 600	1 000
				结转下年				

三、会计账簿的更换与保管

(一)会计账簿的更换

会计账簿的更换通常在新会计年度建账时进行，总账、日记账和多数明细账应每年更换一次，变动较少的明细账(如固定资产明细账)、备查账簿可以多年连续使用，不必每年更换新账。

(二)会计账簿的保管

年度终了，各种账户在结转下年，建立新账后，会计人员必须将各种活页账簿清点整理，连同“账簿启用和经管人员一览表”都装订成册并加具封面，统一编号加盖公章后，与各种订本式账簿一起归档集中统一保管。一般都要把旧账送交总账会计集中统一保管。会计账簿由本单位财务会计部门保管一年，期满之后，由财务会计部门编造清册移交本单位的档案部门保管。各账簿保管期满后，要按照规定的审批程序报经批准后，才能销毁。

复习思考题

一、单项选择题

1. 能够总括反映企业某一类经济业务增减变动的会计账簿是(　　)。

A. 总分类账　　B. 明细分类账

C. 备查账　　D. 序时账

2. 下列明细账分类账中,可以采用多栏式格式的是(　　)。

A. 应付账款明细分类账　　B. 应收账款明细分类账

C. 库存商品明细分类账　　D. 制造费用明细分类账

3. 登记会计账簿的依据是(　　)。

A. 原始凭证　　B. 经审核的会计凭证

C. 未经审核的会计凭证　　D. 会计报表

4. 下列账户中,适合采用三栏式明细分类账簿的是(　　)。

A. 管理费用　　B. 原材料

C. 应收账款　　D. 本年利润

5. 在下列有关账项核对中,不属于账账核对的内容是(　　)。

A. 银行存款日记账余额与银行对账单余额的核对

B. 银行存款日记账余额与其总账余额的核对

C. 总账账户借方发生额合计与其明细账借方发生额合计的核对

D. 总账账户贷方余额合计与其明细账贷方余额合计的核对

6. 年度结账时,应在“本年合计”行下划(　　)。

A. 通栏单红线　　B. 通栏双红线

C. 半栏单红线　　D. 半栏双红线

二、多项选择题

1. 总分类账一般采用(　　)。

A. 订本式　　B. 活页式

C. 三栏式　　D. 多栏式

2. 通常采用数量金额式账簿记账的有(　　)。

A. 原材料　　B. 库存商品

C. 其他应收款　　D. 库存现金

3. 下列账簿中,需采用订本式账簿的有(　　)。

A. 总分类账　　B. 现金日记账

C. 银行存款日记账　　D. 固定资产明细账

4.对账的内容有(　　)。

A.账实核对　　B.账证核对

C.账账核对　　D.账表核对

5.结账时,正确的做法是(　　)。

A.结出当月发生额的,在“本月合计”下面通栏划单红线

B.结出本年累计发生额的,在“本年累计”下面通栏划单红线

C.12月末,结出全年累计发生额的,在下面通栏划单红线

D.12月末,结出全年合计发生额的,在下面通栏划双红线

三、判断题

1.现金日记账的借方是根据收款凭证登记的,贷方是根据付款凭证登记的。(　　)

2.明细分类账一般是根据记账凭证直接登记,但个别明细分类账可以根据原始凭证登记。(　　)

3.备查账簿的登记应以审核无误的会计凭证作为依据。(　　)

4.年度终了,各种账户在结转下年,建立新账后,一般都要把旧账送交总账会计集中统一管理。(　　)

5.会计账簿的更换通常在新会计年度建账时进行,总账、日记账和多数明细账应每两年更换一次。(　　)

第六章　账务处理程序

◆知识目标

1. 理解账务处理程序的意义。

2. 理解各种账务处理程序的基本内容、核算步骤和适用范围。

3. 掌握科目汇总表账务处理程序。

◆技能目标

1. 正确针对不同经营规模和业务量的单位选择恰当的账务处理程序。

2. 掌握记账凭证账务处理程序。

3. 熟练科目汇总表账务处理程序。

案例导入

龙江公司是一家有限责任公司，其经营范围是数控机床生产，原来企业规模小，会计工作一直按记账凭证会计工作流程开展，前不久公司扩大了生产规模和销售额，职工人数增加到了1 000人，预计年销售额近1亿元，资产达到了2亿元，会计工作量明显加大。公司财务科长针对企业的具体情况，决定选用科目汇总表会计工作流程进行会计工作，决定一宣布，大多数财务人员都认为这样做好，表示同意。但王芳有些不理解，认为原来做得很顺手，为什么非要变换工作流程？变换后该怎么做？

[思考题]

如果你是财务科长该如何解答王芳的问题呢？

第一节 账务处理程序概述

一、账务处理程序的概念及意义

(一)账务处理程序的概念

账务处理程序也称会计核算形式或会计核算组织程序，是指会计凭证、会计账簿、财务报表相互结合的方式。该程序包括会计凭证和账簿的种类、格式，会计凭证与会计账簿之间的联系方法，由原始凭证编制记账凭证、登记明细分类账和总分类账、编制财务报表的工作程序和方法等。

(二)账务处理程序的意义

会计凭证、会计账簿、财务报表之间的结合方式不同，就形成了不同的账务处理程序，不同的账务处理程序又有不同的方法、特点和适用范围。科学、合理地选择适用于本单位的账务处理程序，对于有效地组织会计核算具有重要意义：

(1)有利于会计工作程序的规范化，确定合理的账簿与报表之间的联系方式工，保证会计信息加工过程的严密性，提高会计信息的质量。

(2)有利于保证会计记录的完整性、正确性，通过凭证、账簿与报表之间的牵制作用，增强会计信息的可靠性。

(3)有利于减少不必要的账务处理环节，通过井然有序的账务处理程序，提高会计工作效率，保证会计信息的及时性。

二、账务处理程序的种类

目前我国各企事业单位一般采用以下账务处理程序：

(1)记账凭证账务处理程序。

(2)科目汇总表账务处理程序。

(3)汇总记账凭证账务处理程序。

(4)多栏式日记账账务处理程序。

(5)日记总账账务处理程序。

(6)通用日记账账务处理程序。

第二节 记账凭证账务处理程序

一、记账凭证账务处理程序的概念

记账凭证账务处理程序是对单位所发生的交易、事项，都要根据原始凭证或汇总原始凭证编制记账凭证，然后根据记账凭证直接逐笔登记日记账、明细分类账和总分类账，期末对账，结账，最后编制会计报表的一种账务处理程序。

在记账凭证账务处理程序中，记账凭证可以采用通用记账凭证，也可以采用收款凭证、付款凭证和转账凭证，需要设置现金日记账、银行存款日记账、总分类账和明细分类账。其中现金日记账、银行存款日记账、总分类账一般采用三栏式账页格式，明细分类账根据需要采用三栏式、多栏式或数量金额式账页格式。

二、记账凭证账务处理程序

(一)步骤

记账凭证账务处理程序是基本的会计工作程序，是其他会计工作程序的基础。记账凭证账务处理程序一般通过以下步骤完成会计工作：

(1)根据审核无误的原始凭证或汇总原始凭证，填制通用记账凭证。

(2)根据审核无误的记账凭证逐笔序时登记现金日记账、银行存款日记账。

(3)根据审核无误的记账凭证和原始凭证或汇总原始凭证，逐笔各种明细分类账。

(4)根据审核无误的记账凭证逐笔登记总分类账。

(5)期末，现金日记账、银行存款日记账和明细分类账的余额同有关总分类账的余额核对相符。

(6)期末，根据核对无误的总分类账和明细分类账的有关资料，编制会计报表。

记账凭证账务处理程序如图 6-1 所示。

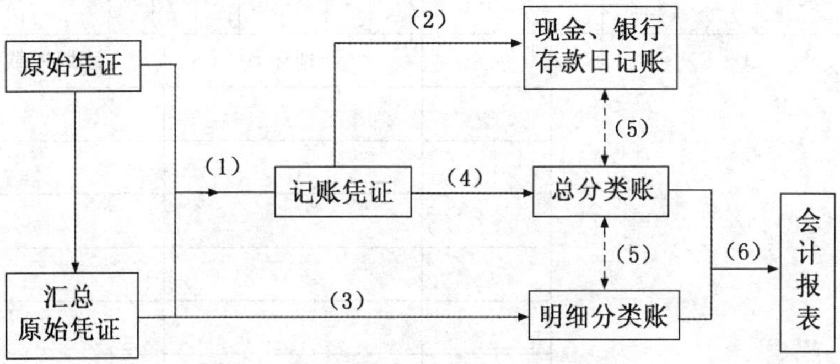

图 6-1 记账凭证账务处理程序

(二)实例

下面通过列举记账凭证账务处理程序的操作实例,对这种程序进行直观的理解。以下记账凭证均以通用记账凭证为格式。

【例 6-1】华兴机械有限责任公司 2010 年 11 月份账户期初余额如表 6-1 所示。

表 6-1　华兴机械有限责任公司 2010 年 11 月 1 日账户余额　单位:元

账户名称	月初余额	账户名称	月初余额
库存现金	10 000	短期借款	100 000
银行存款	790 000	应付账款	100 000
原材料	200 000	实收资本	800 000
合计	1 000 000	合计	1 000 000

公司 11 月份发生如下经济业务:

(1)从银行取得 3 个月的借款 30 万元,存入银行(表 6-2)。

表 6-2　中国工商银行借款凭证(回单)　④

2010 年 11 月 1 日　银行编号:2940532

<table>
<tr><td>名　　称</td><td colspan="3">华兴机械有限责任公司</td><td rowspan="3">借款人</td><td colspan="2">名　　称</td><td colspan="9">华兴机械有限责任公司</td></tr>
<tr><td>往来账户</td><td colspan="3">0904021309113830338</td><td colspan="2">放款账户</td><td colspan="9">0904021309245650123</td></tr>
<tr><td>开户银行</td><td colspan="3">工行哈尔滨市通江支行</td><td colspan="2">开户银行</td><td colspan="9">工行哈尔滨市通江支行</td></tr>
<tr><td>还款期限</td><td colspan="3">3 个月</td><td>利率</td><td colspan="2">7.2%</td><td colspan="4">起息日期</td><td colspan="5">2010.11.1</td></tr>
<tr><td>申请金额</td><td colspan="3">人民币(大写)叁拾万元整</td><td>亿</td><td>千</td><td>百</td><td>十</td><td>万</td><td>千</td><td>百</td><td>十</td><td>元</td><td>角</td><td>分</td><td></td></tr>
<tr><td>借款原因
用　　途</td><td>周转贷款</td><td colspan="2">银行核定金额</td><td></td><td></td><td>¥</td><td>3</td><td>0</td><td>0</td><td>0</td><td>0</td><td>0</td><td>0</td><td>0</td><td></td></tr>
<tr><td colspan="4" rowspan="8">备注:</td><td colspan="3">期限</td><td colspan="4">计划还款</td><td colspan="5">计划还款金额</td></tr>
<tr><td colspan="3"></td><td colspan="4"></td><td colspan="5"></td></tr>
<tr><td colspan="3"></td><td colspan="4"></td><td colspan="5"></td></tr>
<tr><td colspan="3"></td><td colspan="4"></td><td colspan="5"></td></tr>
<tr><td colspan="3"></td><td colspan="4"></td><td colspan="5"></td></tr>
<tr><td colspan="3"></td><td colspan="4"></td><td colspan="5"></td></tr>
<tr><td colspan="3"></td><td colspan="4"></td><td colspan="5"></td></tr>
<tr><td colspan="3"></td><td colspan="4"></td><td colspan="5"></td></tr>
</table>

(2)从银行提取现金 2 万元备用(表 6-3)。

表 6-3

中国农业银行现金支票存根

支票号码:22226666

科目:

对方科目:

签发日期:2010 年 11 月 5 日

收款人:华兴工厂
金额:20 000.00
用途:备用
备注:

复核　　　　会计记账

(3)收到投资人的投资款 20 万元,存入银行(表 6-4)。

表 6-4　**中国工商银行进账单(收账通知)**　1

2010 年 11 月 12 日　　　　第 11 号

<table>
<tr><td rowspan="3">出票人</td><td>全称</td><td>东胜公司</td><td rowspan="3">持票人</td><td>全称</td><td colspan="10">东兴机械有限责任公司</td><td rowspan="7">此联是持票人开户银行交给持票人的收账通知</td></tr>
<tr><td>账号</td><td>0904011700325100321</td><td>账号</td><td colspan="10">0904021309248180476</td></tr>
<tr><td>开户银行</td><td>工行哈尔滨市南岗支行</td><td>开户银行</td><td colspan="10">工行哈尔滨市通江支行</td></tr>
<tr><td colspan="5" rowspan="2">人民币(大写)贰拾万元整</td><td>千</td><td>百</td><td>十</td><td>万</td><td>千</td><td>百</td><td>十</td><td>元</td><td>角</td><td>分</td></tr>
<tr><td></td><td>¥</td><td>2</td><td>0</td><td>0</td><td>0</td><td>0</td><td>0</td><td>0</td><td>0</td></tr>
<tr><td colspan="2">票据种类</td><td>转账支票</td><td colspan="12" rowspan="2">持票人开户行盖章</td></tr>
<tr><td colspan="2">票据张数</td><td>1 张</td></tr>
<tr><td colspan="3">单位
主管　会计　复核　记账</td><td colspan="12"></td></tr>
</table>

(4)用存款归还所欠的货款 10 万元(表 6-5)。

表 6-5

中国农业银行转账支票存根

支票号码:222266789

科目:

对方科目:

签发日期:2010 年 11 月 25 日

收款人:聚鑫商贸有限公司
金额:100 000.00
用途:还货款
备注:

复核　　会计记账

采用记账凭证账务处理程序作以下处理:

(1)企业根据原始凭证(表 6-2 至表 6-5)编制记账凭证如表 6-6 至表 6-9 所示。

表 6-6

收款凭证

借方科目 银行存款　　2010 年 11 月 1 日　　银收字第 1 号

对方单位(或付款人)	摘要	贷方		金额									记账
		一级科目	二级或明细科目	百	十	万	千	百	十	元	角	分	
	从银行借款	短期借款			3	0	0	0	0	0	0	0	
合计				¥	3	0	0	0	0	0	0	0	

附单据 1 张

会计主管:　　记账:　　出纳:　　复核:　　制单:张安

表 6-7

付 款 凭 证

贷方科目 银行存款　　　　2010 年 11 月 5 日　　　　银付字第 1 号

对方单位（或付款人）	摘要	借方		金额									记账
		一级科目	二级或明细科目	百	十	万	千	百	十	元	角	分	
	提现金	库存现金				2	0	0	0	0	0	0	
合计				¥	2	0	0	0	0	0	0	0	

附单据 1 张

会计主管：　　记账：　　出纳：　　复核：　　制单：张安

表 6-8

收 款 凭 证

借方科目 银行存款　　　　2010 年 11 月 12 日　　　　银收字第 2 号

对方单位（或付款人）	摘要	贷方		金额									记账
		一级科目	二级或明细科目	百	十	万	千	百	十	元	角	分	
	收到投资	实收资本	东胜公司		2	0	0	0	0	0	0	0	
合计				¥	2	0	0	0	0	0	0	0	

附单据 1 张

会计主管：　　记账：　　出纳：　　复核：　　制单：张安

表 6-9

付款凭证

贷方科目 银行存款　　　　2010 年 11 月 25 日　　　　银付字第 2 号

对方单位（或付款人）	摘　要	贷　方		金　额									记账
		一级科目	二级或明细科目	百	十	万	千	百	十	元	角	分	
	偿还欠款	应付账款	聚鑫商贸		1	0	0	0	0	0	0	0	
合　计				¥	1	0	0	0	0	0	0	0	

附单据 1 张

会计主管：　　　记账：　　　出纳：　　　复核：　　　制单：张安

（2）根据记账凭证逐笔登记现金、银行存款的日记账和相应账户的明细账，本书从略。

（3）根据原始凭证和记账凭证逐笔登记总账，如表 6-10 至表 6-14 所示。

表 6-10

总　账

会计科目：库存现金

2010 年		凭证号	摘　要	借　方	贷　方	借或贷	余　额
月	日						
11	1		期初余额			借	10 000
11	5	银付 1	提现	20 000		借	30 000
11	30		本月合计	20 000		借	30 000

表 6-11

总　账

会计科目:银行存款

2010 年		凭证号	摘　要	借　方	贷　方	借或贷	余　额
月	日						
11	1		期初余额			借	790 000
11	1	银收 1	借入款项	300 000		借	1 090 000
11	5	银付 1	提现		20 000	借	1 070 000
11	12	银收 2	收投资	200 000		借	1 270 000
11	25	银付 2	还欠款		100 000	借	1 170 000
11	30		本月合计	500 000	120 000	借	1 170 000

表 6-12

总　账

会计科目:短期借款

2010 年		凭证号	摘　要	借　方	贷　方	借或贷	余　额
月	日						
11	1		期初余额			贷	100 000
11	1	银收 1	借入款项		300 000	贷	400 000
11	30		本月合计		300 000	贷	400 000

表 6-13

总　账

会计科目:应付账款

2010 年		凭证号	摘　要	借　方	贷　方	借或贷	余　额
月	日						
11	1		期初余额			贷	100 000
11	25	银付 2	还欠款	100 000		平	0
11	30		本月合计	100 000		平	0

表 6-14 **总 账**

会计科目:实收资本

2010年		凭证号	摘 要	借 方	贷 方	借或贷	余 额
月	日						
11	1		期初余额			贷	800 000
11	12	银收 2	收投资		200 000	贷	1 000 000
11	30		本月合计		200 000	贷	1 000 000

(4)月末,将各总账账户余额与所属日记账、明细账余额相互核对相符。

(5)根据核对无误的总分类账、明细分类账的相关资料,编制财务报表。编制的“资产负债表”和“利润表”,具体内容可参照相关章节。

三、记账凭证账务处理程序的特点、优缺点及适用范围

记账凭证账务处理程序的特点是直接根据记账凭证逐笔登记总分类账。它是最基本的账务处理程序。

优点:一是会计凭证和账簿格式及账务处理程序简单明了,与前面学习过的总账与明细账平行登记原理密切相扣,很容易理解和具体操作;二是由于总分类账是直接根据各种记账凭证逐笔登记的,总分类账能比较详细和具体地反映各项经济业务,便于查账。

缺点:由于要根据记账凭证逐笔登记总分类账,虽然这种方法与总账和明细账平行登记原理很容易结合起来,但是对于交易、事项很多的企业来说,当月所有记账凭证登记入日记账、明细账和总账以后,可能出现很多总账的登记内容与所属明细账是完全相同的,大大增加了工作量,而且登记的数量越多出现差错的几率就越高,很不利于财务工作快速准确地完成。

适用范围:一般适用于规模较少、业务量较少以及记账凭证数量不多的经济单位。

这种账务处理程序特别适宜于计算机处理,因为利用计算机可以弥补其工作量大的缺点。同时在手工记账下,为了减少记账凭证的数量和登记总账的工作量,可以尽量将同类经济业务的原始凭证进行汇总,编制汇总原始凭证,再根据汇总原始凭证编制记账凭证。

鉴于这种账务处理方法存在的不足,下面一节内容介绍一种在实际工作中应用非常广泛的账务处理程序——科目汇总表账务处理程序。

第三节　科目汇总表账务处理程序

一、科目汇总表账务处理程序的概念

科目汇总表账务处理程序又称记账凭证汇总表账务处理程序，它是根据原始凭证或汇总原始凭证编制记账凭证，直接依据记账凭证和原始凭证或汇总原始凭证逐笔登记日记账、明细分类账，然后定期登记各个账户的“T”形账，形成科目汇总表，再根据审核无误的科目汇总表登记总分类账，期末对账，结账，最后编制财务报表的一种账务处理程序。

在科目汇总表账务处理程序中，记账凭证可以采用通用记账凭证，也可以采用收款凭证、付款凭证和转账凭证，需要设置现金日记账、银行存款日记账、总分类账和明细分类账。其中现金日记账、银行存款日记账、总分类账一般采用三栏式账页格式，明细分类账根据需要采用三栏式、多栏式或数量金额式的账页格式。

二、科目汇总表账务处理程序

(一)步骤

科目汇总表账务处理程序一般通过以下步骤完成会计工作：

(1)根据审核无误的原始凭证或汇总原始凭证，填制通用记账凭证。

(2)根据审核无误的记账凭证逐笔序时登记现金日记账、银行存款日记账。

(3)根据审核无误的记账凭证和原始凭证或汇总原始凭证，逐笔各种明细分类账。

(4)根据审核无误的记账凭证编制科目汇总表。

(5)根据审核无误的科目汇总表登记总分类账。

(6)期末，现金日记账、银行存款日记账和明细分类账的余额同有关总分类账的余额核对相符。

(7)期末，根据核对无误的总分类账和明细分类账的有关资料，编制财务报表。

科目汇总表账务处理程序如图 6-2 所示。

这种账务处理程序与记账凭证账务处理程序的不同之处就是设置了科目汇总表，其基本格式如表 6-15 至表 6-17 所示。

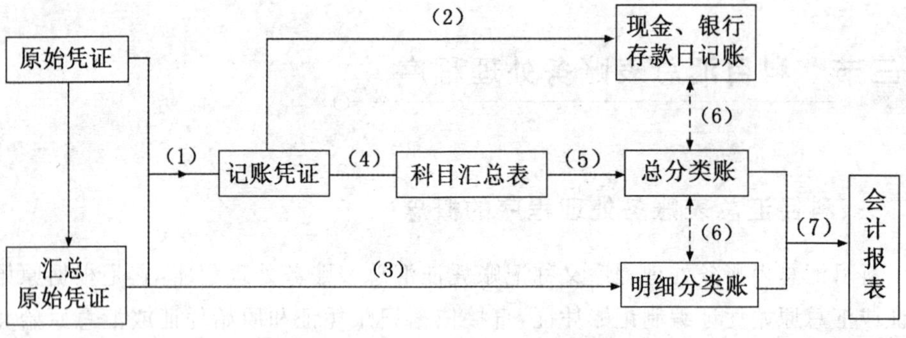

图 6-2 科目汇总表账务处理程序

表 6-15 科目汇总表(格式一)

20××年×月 第××号

会计科目	1～10 日		11～20 日		21～31 日		合计		总账页码
	借方	贷方	借方	贷方	借方	贷方	借方	贷方	
合计									

表 6-16 科目汇总表(格式二)

20××年×月×日至×日 第××号

会计科目	记账凭证起止号数	本期发生额		总账页码
		借 方	贷 方	
合 计				

表 6-17 科目汇总表(格式三)

第××号 20××年×月×日至×日 记账凭证起止号数:

会计科目	本期发生额		总账页码
	借 方	贷 方	
合 计			

(二)实例

下面通过列举科目汇总表账务处理程序的操作实例,让我们对这种最常用的账务处理程序进行直观的、贴近实际的完整学习。

【例 6-2】期初余额及经济业务同例 6-1。

(1)根据原始凭证编制记账凭证同记账凭证账务处理程序。

(2)根据记账凭证逐笔登记现金、银行存款的日记账和相应账户的明细账同记账凭证账务处理程序。

(3)根据记账凭证编制科目汇总表,如表 6-18 所示。

因为交易、事项比较少,所以可选择科目汇总表格式三,注意本期所有账户的借贷方发生额的是否平衡。

表 6-18 科目汇总表 记账凭证起止号数:银收 1~2

第汇 1 号 2010 年 11 月 1 日至 30 日 银付 1~2

会计科目	本期发生额		总账页码
	借方	贷方	
库存现金	20 000		
银行存款	500 000	120 000	
短期借款		300 000	
应付账款	100 000		
实收资本		200 000	
合 计	620 000	620 000	

(4)根据原始凭证和记账凭证逐笔登记总账,如表 6-19 至表 6-23 所示。

表 6-19

总　账

会计科目:库存现金

2010年 月	日	凭证号	摘　要	借方	贷方	借或贷	余　额
11	1		期初余额			借	10 000
11	30	汇 1	1～30 日汇总发生额	20 000		借	30 000
			本月合计	20 000		借	30 000

表 6-20

总　账

会计科目:银行存款

2010年 月	日	凭证号	摘　要	借方	贷方	借或贷	余　额
11	1		期初余额			借	790 000
11	30	汇 1	1～30 日汇总发生额	500 000	120 000	借	1 170 000
			本月合计	500 000	120 000	借	1 170 000

表 6-21

总　账

会计科目:短期借款

2010年 月	日	凭证号	摘　要	借方	贷方	借或贷	余　额
11	1		期初余额			贷	100 000
11	30	汇 1	1～30 日汇总发生额		300 000	贷	400 000
			本月合计		300 000	贷	400 000

表 6-22

总　账

会计科目:应付账款

2010年 月	日	凭证号	摘　要	借方	贷方	借或贷	余　额
11	1		期初余额			贷	100 000
11	30	汇 1	1～30 日汇总发生额	100 000		平	0
			本月合计	100 000		平	0

表 6-23 **总 账**

会计科目:实收资本

2010年		凭证号	摘 要	借方	贷方	借或贷	余 额
月	日						
11	1		期初余额			贷	800 000
11	30	汇1	1～30日汇总发生额		200 000	贷	1 000 000
			本月合计		200 000	贷	1 000 000

(5)月末,将各总账账户余额与所属日记账、明细账余额相互核对相符。

(6)根据核对无误的总分类账、明细分类账的相关资料,编制财务报表。编制的“资产负债表”和“利润表”。该部分内容可参照相关章节。

三、科目汇总表账务处理程序的特点、优缺点和适用范围

科目汇总表账务处理程序的特点是根据记账凭证编制科目汇总表,即登记总账的依据是科目汇总表。

优点:由于总分类账是根据定期编制的科目汇总表登记的,大大减少了登记总账的工作量。

缺点:科目汇总表是按总账科目汇总编制的,只能作为登记总账和试算平衡的依据,不便于分析和检查经济业务的来龙去脉,不便于查对账目。

适用范围:科目汇总表核算形式适用于经济业务量较多的经济单位。

第四节 汇总记账凭证账务处理程序

一、汇总记账凭证账务处理程序的概念

汇总记账凭证账务处理程序是根据原始凭证或汇总原始凭证编制记账凭证,定期根据记账凭证分类编制汇总收款凭证、汇总付款凭证和汇总转账凭证,再根据汇总记账凭证登记总分类账的一种账务处理程序。

二、汇总记账凭证账务处理程序

汇总记账凭证账务处理程序一般通过以下步骤完成会计工作:

(1)根据审核无误的原始凭证或汇总原始凭证,填制通用记账凭证。

(2)根据审核无误的记账凭证逐笔序时登记现金日记账、银行存款日记账。

(3)根据审核无误的记账凭证和原始凭证或汇总原始凭证，逐笔各种明细分类账。

(4)根据审核无误的记账凭证编制汇总记账凭证。

(5)根据审核无误的汇总记账凭证登记总分类账。

(6)期末，现金日记账、银行存款日记账和明细分类账的余额同有关总分类账的余额核对相符。

(7)期末，根据核对无误的总分类账和明细分类账的有关资料，编制财务报表。

汇总记账凭证账务处理程序如图 6-3 所示。

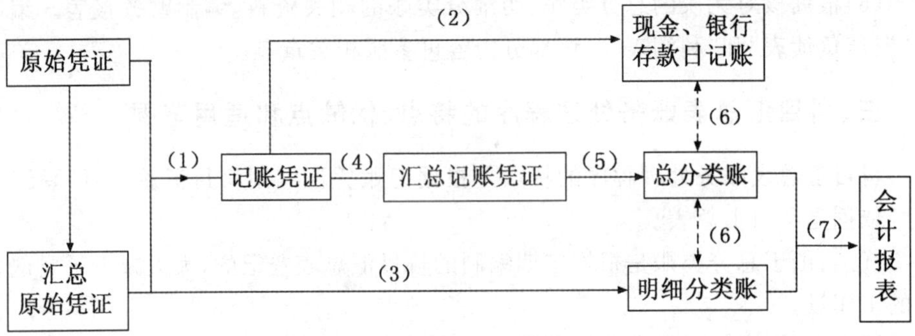

图 6-3　汇总记账凭证账务处理程序

采用该工作流程，记账凭证可采用通用的统一格式，也可分别按收款、付款及转账业务设置收款凭证、付款凭证和转账凭证三种专用记账凭证。同时，还须设置汇总记账凭证。如果记账凭证是通用的统一格式，设置的汇总记账凭证也应采用通用的统一格式。如果记账凭证是收、付、转三种专用格式，则应分别设置汇总收款凭证、汇总付款凭证和汇总转账凭证。

三、汇总记账凭证账务处理程序的特点、优缺点和适用范围

汇总记账凭证账务处理程序与前述的记账凭证账务处理程序的区别主要在总分类账的登记依据上。该工作流程可以根据单位的经济业务和事项量的大小，定期(5 天、10 天或 15 天)将全部记账凭证按收、付款凭证和转账凭证分别归类编制成汇总记账凭证，然后再根据汇总记账凭证登记总分类账。

优点：汇总记账凭证账务处理程序减轻了登记总分类账的工作量；另外，由于在汇总记账凭证时按会计账户之间的对应关系归类汇总，能反映会计账户之间的

对应关系，便于了解经济业务的来龙去脉。

缺点：由于汇总转账凭证按贷方账户设置，按借方账户汇总，割裂了经济业务的完整性，不利于会计核算的日常分工，在转账凭证较多时，编制汇总转账凭证的工作量较大。

适用范围：汇总记账凭证账务处理程序适用于规模较大、经济业务事项较多的单位。

复习思考题

一、单项选择题

1.（　　）的主要特点是直接根据记账凭证逐笔登记总分类账。

A. 记账凭证账务处理程序　　B. 科目汇总表账务处理程序

C. 汇总记账凭证账务处理程序　　D. 多栏式日记账账务处理程序

2. 各种会计账务处理程序之间的主要区别在于（　　）。

A. 总账的格式不同　　B. 登记总账的依据不同

C. 会计凭证的种类不同　　D. 编制会计报表的依据不同

3.（　　）是一种最基本的账务处理程序，也是其他账务处理程序的基础。

A. 记账凭证账务处理程序　　B. 科目汇总表账务处理程序

C. 汇总记账凭证账务处理程序　　D. 日记总账账务处理程序

4. 科目汇总表的汇总范围是（　　）。

A. 全部科目的借方余额　　B. 全部科目的贷方余额

C. 全部科目的借、贷方发生额　　D. 部分科目的借、贷方发生额

5. 汇总记账凭证账务处理程序适用于（　　）的企业。

A. 规模较大、经济业务较多　　B. 规模较小、经济业务不多

C. 规模较大、经济业务不多　　D. 规模较小、经济业务较多

6. 汇总收款凭证是根据（　　）汇总编制而成的。

A. 原始凭证　　B. 汇总原始凭证

C. 付款凭证　　D. 收款凭证

7. 关于科目汇总表账务处理程序，下列说法中正确的是（　　）。

A. 登记总账的直接依据是记账凭证

B. 登记总账的直接依据是科目汇总表

C. 编制会计报表的直接依据是科目汇总表

D. 与记账凭证账务处理程序相比较，增加了一道编制汇总记账凭证的环节

8. 汇总记账凭证账务处理程序是根据（　　）登记总分类账。

A. 记账凭证　　B. 原始凭证

C. 分录日记账　　D. 汇总记账凭证

9. 下列属于记账凭证账务处理程序优点的是（　　）。

A. 总分类账反映较详细　　B. 减轻了登记总分类账的工作量

C. 有利于会计核算的日常分工　　D. 便于核对账目和进行试算平衡

10. 在各种不同账务处理程序中，不能作为登记总账依据的是（　　）。

A. 记账凭证　　B. 汇总原始凭证

C. 汇总记账凭证　　D. 记账凭证汇总表

二、多项选择题

1. 各种账务处理程序的相同之处是（　　）。

A. 根据原始凭证编制汇总原始凭证

B. 根据原始凭证及记账凭证登记明细分类账

C. 根据收、付款凭证登记现金日记账

D. 根据总账和明细账编制会计报表

2. 记账凭证账务处理程序适用于（　　）的企业。

A. 经济业务量少　　B. 规模大

C. 凭证不多　　D. 规模小

3. 科目汇总表能够（　　）。

A. 减少登记总账的工作量　　B. 反映各科目的借、贷方本期发生额

C. 反映各科目之间的对应关系　　D. 反映各科目的期末余额

4. 汇总记账凭证账务处理程序下，总分类账是依据（　　）登记的。

A. 汇总收款凭证　　B. 汇总付款凭证

C. 汇总转账凭证　　D. 转账凭证

5. 采用科目汇总表账务处理程序时，月末应将（　　）与总分类账进行核对。

A. 现金日记账　　B. 银行存款日记账

C. 明细分类账　　D. 科目汇总表

6. 下列属于汇总记账凭证账务处理程序特点的是（　　）。

A. 根据原始凭证编制汇总原始凭证

B. 根据记账凭证定期编制汇总记账凭证

C. 根据记账凭证定期编制科目汇总表

D. 根据汇总记账凭证登记总账

7. 常见的账务处理程序主要有（　　）。

A. 记账凭证账务处理程序　　B. 汇总记账凭证账务处理程序

C. 科目汇总表账务处理程序　　　　D. 日记总账账务处理程序

8. 以下属于记账凭证账务处理程序优点的是（　　）。

A. 简单明了、易于理解

B. 总分类账可较详细地记录经济业务发生情况

C. 便于进行平衡试算

D. 减轻了登记总分类账的工作量

9. 以下属于汇总记账凭证账务处理程序优点的是（　　）。

A. 能保持账户间的对应关系　　　　B. 便于会计核算的日常分工

C. 能减少登记总账的工作量　　　　D. 能起到入账前的平衡试算作用

三、判断题

1. 在科目汇总表账务处理程序下，由于不反映账户对应关系，不便于分析经济业务的来龙去脉，不便于查对账目。（　　）

2. 科目汇总表账务处理程序的主要特点是根据记账凭证编制科目汇总表，并根据科目汇总表填制报表。（　　）

3. 科目汇总表和汇总记账凭证两种账务处理程序的会计程序完全一致。（　　）

4. 汇总记账凭证账务处理程序既能保持账户的对应关系，又能减轻登记总分类账的工作量。（　　）

5. 账务处理程序有多种，会计主体在选用账务处理程序时可以随意选择。（　　）

6. 记账凭证账务处理程序的主要特点就是直接根据各种记账凭证登记总账。（　　）

7. 汇总记账凭证账务处理程序就是将各种原始凭证汇总后填制记账凭证，据以登记总账的账务处理程序。（　　）

8. 记账凭证账务处理程序一般适用于规模小，业务复杂，凭证较多的单位。（　　）

9. 记账凭证账务处理程序是其他账务处理程序的基础。（　　）

10. 任何会计账务处理程序的第一步必须将所有的原始凭证都汇总编制为汇总原始凭证。（　　）

11. 科目汇总表账务处理程序下，总分类账均应依据科目汇总表登记。（　　）

12. 科目汇总表不仅可以起到试算平衡的作用，而且可以反映账户之间的对应关系。（　　）

13. 科目汇总表账务处理程序下，总分类账须逐日逐笔地登记。（　　）

14. 汇总记账凭证可以明确地反映账户之间的对应关系。（　　）

第七章 财产清查

◆知识目标

1. 理解财产清查的概念、意义和种类。

2. 掌握财产清查的方法和清查结果的处理。

◆技能目标

1. 能够理解财产物资的盘存制度。

2. 会根据未达账项编制银行存款余额调节表。

3. 能熟练对财产清查结果进行账务处理。

案例导入

2010 年 11 月 30 日上级主管部门在未事先通知的情况下，对黄河公司的库存现金、银行存款和原材料进行清查，发现：

1. 库存现金实际盘点清查数为 1 000 元，而当日现金日记账的余额为 900 元。

2. 银行存款日记账的余额为 385 000 元，而银行对账单的余额为 415 000 元。

3. 实地清点甲材料的库存数为 500 件，而甲材料明细账反映的账存数却为 600 件，甲材料的单位成本为 100 元。

经调查，上级主管部门已查明原因并批准做出如下处理：

1. 现金溢余属正常现金，冲减当期管理费用。

2. 银行存款存在未达账项，需编制银行存款余额调节表。

3. 甲材料盘亏，有两方面的原因：其中一部分是保管员失职，应追究其责任赔偿 5 000 元，其余的部分为正常损耗。

[思考题]

1. 财产清查可按清查范围和清查时间分类，本案例中的财产清查应属哪类？

2. 本案例中，上级主管部门对企业的库存现金、银行存款及原材料进行了清查，分别阐述其清查的方法。

3. 对上级主管部门在清查中发现的问题进行账务处理，并根据上级主管部门的处理意见，对清查结果做出相应的处理。

第一节　财产清查的意义和种类

一、财产清查的意义

(一)财产清查的概念

财产清查是指通过对各项财产物资、货币资金和往来款项的实地盘点或核对，确定其实存数，并查明账存数与实存数是否相符的一种会计核算方法。

企业、行政事业单位各项财产物资的增减变动和结存情况，是通过会计凭证的填制与审核，账簿的登记与核对来正确反映的，因此账簿记录与财产物资的实际结存数应当保持一致。但在实际工作中，即使是账证相符、账账相符的情况下，财产物资的账面数与实际结存数仍有可能不一致。因此，为了保证企业、行政事业单位会计账簿记录的真实、正确，为经济管理提供可靠的信息资料，发挥会计核算应有的作用，必须运用财产清查这一行之有效的会计核算专门方法，对各项财产物资进行定期的清查，并与账簿记录核对相符，做到账实相符。

(二)财产清查的原因

在实际工作中，由于种种主客观原因，造成财产物资的账存数与实存数不相符的主要原因有：

(1)在财产物资收发过程中，由于计量或检验不准确而发生品种、数量或质量上的差错。

(2)财产物资在保管或运输过程中发生了自然损耗或升溢。

(3)在凭证和账簿中，出现漏记、重记、错记或计算错误。

(4)因管理不善或工作人员失职造成财产物资的损坏、变质或短缺。

(5)由于不法分子的营私舞弊、贪污盗窃而发生的财产物资损失。

(6)因未达账项而引起的账账、账实不符。

(7)由于自然灾害和意外事故而造成的财产物资损失。

(三)财产清查的意义

财产清查是会计核算的一种专门方法，也是财产管理的一项重要制度，对改善经营管理，维护财经纪律，发挥会计监督职能都具有重要意义。

(1)保证会计资料的真实可靠。通过财产清查,可以查明各项财产物资的实存数,并与其账存数核对,确定财产物资实存数与账存数的差异以及发生差异的原因和责任,以便及时调整账面数字,使账实相符,保证会计核算资料的真实性和正确性,为编制会计报表提供真实可靠的资料。

(2)充分挖掘财产物资的潜力,提高资金使用效率。通过财产清查,可以查明财产物资的利用情况,发现其有无超储积压或储备不足以及不配套等情况;还可以查明各种款项的结算情况,如有无长期拖欠款项、未达账项等,对储备不足的设法补足,对超储积压和不配套的及时处理,充分挖掘财产物资的潜力,提高财产物资的利用率和使用效果。

(3)保护财产物资的安全和完整。通过财产清查,可以查明财产物资有无短缺、毁损、贪污盗窃等情况,以便针对存在的问题,采取相应措施,改善管理,建立健全各项管理制度,加强经济责任制,保护企业财产物资的安全和完整。

(4)强化财产管理的内部控制制度。通过财产清查,可以发现财产物资管理工作中存在的各种问题。如收发手续不健全、保管措施不得力、控制手续不严密等,以便及时采取措施,改进管理方法,建立健全内部控制制度,提高管理水平。

(5)保证财经纪律和结算制度的贯彻执行。通过财产清查,可以查明现金的使用、银行存款的结算是否符合规定,明确企业的各项债权债务情况是否正常,以便及时发现问题、采取措施,促使会计人员更加自觉遵守财产纪律和结算制度,严格执行财经纪律。

二、财产清查的种类

财产清查的对象和范围往往不同,在时间上也有区别,因此一般有以下几种分类:

(一)按财产清查的对象和范围不同分

1. 全面清查

全面清查是指对企业的全部财产物资,包括实物资产、货币资金以及各项债权债务进行全面彻底的盘点与核对。其特点是清查范围广,参与人员多、工作量大、耗费时间长、所以一般只在以下情况下进行全面清查:

(1)年终编制决算会计报表前。

(2)企业合并、撤销、改变隶属关系或采取新的经营方式时。

(3)企业改制等需要进行资产评估时。

(4)企业主要负责人调离工作时。

2. 局部清查

局部清查是指对企业的部分实物资产和债权债务进行的盘点与核对。其特点是清查范围小、人力与时间耗费较少，但专业性强。一般有：

(1)对于现金，每日终了应由出纳员自行清查核对，做到日清月结。

(2)对于银行存款和银行借款，应由出纳员每月同银行核对一次。

(3)对于材料、在产品、产成品除年度清查外，还必须有计划地每月重点抽查，对于贵重的财产物资，应每月清查盘点一次，以防损失或破坏。

(4)对于债权债务，每年应与有关单位核对至少一次或两次。

(二)按财产清查的时间不同分

1. 定期清查

定期清查是指按照预先计划安排好的时间，对企业财产物资和债权债务所进行的财产清查。这种清查一般是在月末、季末和年末结账时进行，这样可以在编制会计报表前发现账实不符的情况，据以调整有关账簿记录，使账实相符，从而保证会计报表资料的真实性。定期清查可以是全面清查，如年终决算前的清查；也可以是局部清查，如月末结账前对库存现金、银行存款以及一些贵重物资的清查。

2. 不定期清查

不定期清查是指预先未规定清查时间，而是根据实际需要临时进行的财产清查。不定期清查一般是局部清查。通常有以下几种情况：

(1)更换财产物资保管人员和现金出纳员时。

(2)财产物资发生自然灾害和意外损失时。

(3)企业合并、改制、迁移和改变隶属关系时。

(4)财政、税务、银行、审计等部门进行会计工作检查时。

无论定期清查还是不定期清查，都有可能根据实际需要进行全面或局部清查。

三、财产清查的准备工作

财产清查特别是全面性的财产清查，是一项涉及面广、工作量大、复杂细致的工作，为保证清查的质量，充分发挥财产清查的作用，必须做好清查前的准备工作。

(一)组织准备

为做好清查工作，应当成立专门的财产清查小组，由财会部门、资产管理和使用部门的业务领导、专业人员及有关职工代表组成三结合清查小组，负责组织领导和实施该项工作。清查小组应根据清查任务、对象和范围以及时间的要求，制订具体的清查计划，安排合理的工作进度，配备足够的清查人员。在清查过程中，清查小组做好清查质量的监督工作，清查完毕后，清查小组应将清查结果及处理意见上报有关部门审批处理。

(二)业务准备

财产清查前,资产管理部门、资产使用部门和财会部门应分别做好以下业务准备工作:

(1)财会部门和资产管理部门应将清查日前所有的资产账簿登记齐全,并结出账面余额,做到账证相符,以便确定账实之间的差异。

(2)资产使用部门应将其使用和保管的各项资产,按其自然属性予以整理,有序排列,整齐堆放,并利用标签注明资产的品种、规格和结存的数量,以方便盘点核对。

(3)资产清查人员应准备好盘点清册和计量工具,校正度量器,以保证盘点结果的准确可靠。

第二节 财产清查的范围和方法

一、财产清查的范围

财产清查的范围相当广泛,包括本单位全部资产和权益,即使当时暂不在本单位存放的以及虽属外单位或个人所有,但存放在本单位的财产物资。

工业企业财产清查的范围包括:

(1)货币资金的清查,主要是对库存现金和银行存款的清查。

(2)各种存货的清查,主要包括对库存原材料、燃料、包装物、低值易耗品、库存商品、在产品、自制半成品、外购商品等的清查。

(3)固定资产的清查,主要包括机器、厂房、办公设备、汽车以及在建工程物资等的清查。

(4)委托加工或受托加工的材料,以及租赁的固定资产、包装物的清查。

(5)应收、应付,预收、预付等各种往来款项的清查。

二、财产清查的方法

(一)货币资金的清查方法

1. 现金的清查

现金的清查是通过实地盘点的方法进行的。除出纳人员于每日结账后对其经管的现金进行清点外,清查小组还应对库存现金进行定期与不定期的清查。清点库存现金时，出纳人员必须在场，以明确责任。将库存现金实地清点后，确定现金的实际结存数，并将其与现金日记账的账面结存数进行核对，确定现金长短款的数额。清查时应注意不能用收据、借据等抵充库存现金，注意库存现金是否超过库存限额，有无坐支现金的现象等。

现金盘点结束后，应根据盘点的结果及现金日记账核对的情况编制“库存现金盘点报告表”，并由负责盘点人员和出纳员共同签字或盖章。“库存现金盘点报告表”是对库存现金进行差异分析和用以调整账簿记录的原始凭证。其格式如表7-1所示。

表7-1　　库存现金盘点报告表

单位名称：　　　　年　月　日　　　　编号：

币种	实存金额	账存金额	实存与账存对比结果		备注
			盘盈	盘亏	
主币					
辅币					
⋮					
合计					

盘点人：　（签章）　　　　出纳员：　（签章）

2. 银行存款的清查

银行存款的清查主要采用与开户银行核对账目的方法进行的，即将企业的银行存款日记账与银行定期送来的对账单进行逐笔核对。但即使双方记账都没有错误，银行存款日记账的余额与银行对账单的余额也可能不一致。这种不一致的原因一般是由于未达账项造成的。所谓未达账项，是指企业与银行之间，由于凭证传递的时间不同，导致记账时间不一致，而发生的一方已登记入账，而另一方因尚未接到凭证而未登记入账的款项。未达账项大致有以下四种情况：

(1)企业已收，银行未收，即企业已收款入账，而银行尚未收款入账。例如，企业收到或送存银行的款项，企业已作银行存款的增加记入银行存款日记账收入栏，而银行要等款项收妥后再记增加，因此形成企业已收，银行未收款项。

(2)企业已付，银行未付，即企业已付款入账，而银行尚未付款入账。例如，企业开出的各种付款凭证，企业已作银行存款的减少记入银行存款日记账支出栏，但持票人尚未到银行办理转账，故银行未作存款单位存款的减少入账。

(3)银行已收，企业未收，即银行已收款入账，而企业尚未收款入账。例如，银行代企业收进的款项，银行收到款项后，立即登记存款的增加，但企业由于尚未收到收款的原始凭证而尚未记银行存款的增加。

(4)银行已付，企业未付，即银行已付款入账，而企业尚未付款入账。例如，银行代企业支付的款项，银行取得支付款项凭证时已记存款的减少，但企业由于尚未接到付款的原始凭证，而尚未记银行存款的减少。

上述任何一种情况的发生，都会使企业银行存款日记账的余额与银行对账单的余额不相符合。其中在第一、第四种情况下，会使企业的银行存款日记账余额大于开户银行的对账单余额；而在第二、第三种情况下，会使企业的银行存款日记账余额小于开户银行的对账单余额。因此，在清查银行存款时，若出现未达账项时，应通过编制“银行存款余额调节表”的方法进行调整。银行存款余额调节表的常用编制方法是：以企业与银行双方调整前的账面余额为基础，各自加上对方已收，而本方未收的款项，减去对方已付而本方未付的款项。经过调节后，双方的余额应相互一致。

现举例说明银行存款余额调节表的编制方法。

【例 7-1】大华公司 2010 年 6 月 30 日银行存款日记账余额为 41 353 元，开户银行转来的银行对账单余额为 43 835 元，经逐笔核对发现有如下未达账项：

(1)企业 6 月 27 日送存银行转账支票一张，金额 1 765 元，银行尚未入账。

(2)银行于 6 月 28 日代企业支付水费 183 元，企业尚未接到通知没有入账。

(3)银行于 6 月 29 日代企业收销货款 3 950 元，银行已入账，企业尚未接到通知，没有入账。

(4)企业于 6 月 30 日开出转账支票一张，购买办公物品计金额 480 元，持票人尚未到银行办理手续。

根据上述未达账项，编制银行存款余额调节表如表 7-2 所示。

表 7-2　　银行存款余额调节表

户名：结算户存款　　2010 年 6 月 30 日　　单位：元

项　目	金额	项　目	金额
银行存款日记账余额	41 353	银行对账单余额	43 835
加：银行已收企业未收的款项	3 950	加：企业已收银行未收的款项	1 765
减：银行已付企业未付的款项	183	减：企业已付银行未付的款项	480
调整后余额	45 120	调整后余额	45 120

需要注意的是，编制“银行存款余额调节表”并不需要更改账簿记录，对于未达账项也并不立即做账务处理，而是待收到有关原始凭证后再进行。因此，“银行存款余额调节表”只是起着对账的作用，不能作为调节账面余额的凭证。

(二)实物资产的清查方法

1. 财产物资的盘存制度

财产清查的重要环节是盘点财产的实存数量，为使盘点工作顺利进行，应建立一定的盘存制度。确定实物财产账面结存的盘存制度一般有“实地盘存制”和“永续盘存制”两种方法。

(1)实地盘存制，也称“以存计耗制”，就是对企业的各项财产物资不进行连续的记录，平时只在账簿中登记其购进或收入等增加数，不登记其销售或耗用等减少数，期末根据实地盘点确定的结存数来倒挤出财产物资的减少数，并据以登记有关账簿的一种盘存制度。计算公式如下：

期末结存金额＝期末财产物资盘点数量×单价

本期减少金额＝期初账面结存金额＋本期增加金额－期末结存金额

实地盘存制简化了日常财产物资的核算，但由于平时不作财产物资的减少记录，发出手续不严密，不利于日常对财产物资的管理和控制；由于财产物资的减少数量是个倒挤数，就有可能掩盖了非正常原因减少的财产物资(如偷盗、浪费、遗失或盘点遗漏等造成的损失)，使会计资料失真；另外，由于每个会计期末对财产物资进行盘点和计价，要花费大量的人力、物力，加重了结账工作量，有时会影响会计工作的及时性。

由于存在上述问题，在实际工作中，实地盘存制一般只适用于规模较小的企业或者是价值很低、易于损耗、消耗频繁和计量确有困难的财产物资核算。

(2)永续盘存制，也称“账面盘存制”，就是平时在财产物资的账簿记录中，对财产物资的收入数和发出数及其金额逐笔登记，并随时在账簿中结算出各项财产物资结存数的一种盘存制度。计算公式如下：

本期减少金额＝发出财产物资数量×单价

期末账面结存金额＝期初账面结存金额＋本期增加金额－本期减少金额

采用永续盘存制，可以随时掌握和了解各项财产物资的增减变动和结存情况，尽管日常的会计核算工作比较复杂，但有利于加强财产物资的管理。因此，一般情况下，各单位均应采用这种盘存制度。采用永续盘存制虽然能在账面上及时反映各项财产物资的结存数，但是，由于种种原因，仍然可能会发生账实不符的情况。

所以采用永续盘存制的单位仍需要对各项财产物资进行定期或不定期清查盘点，以便查明账实是否相符，对于账实不符的，要及时查明原因，按照有关规定进行处理，以达到账实相符的目的。

2. 实物资产清查的具体方法

实物资产的清查主要是对有形财产物资的清查，包括原材料、在产品、库存商品、低值易耗品、固定资产等，清查的具体方法有实地盘点法和技术推算法两种。

实地盘点法指通过点数、过磅、量尺等方法，确定财产物资的实有数量。该方法适用范围较广且易于操作，大部分实物资产均可采用。

技术推算法指通过技术推算（如量方、计尺等）测定财产物资实有数量的方法。该方法适用于大堆存放、物体笨重、价值低廉、不便逐一盘点的实物资产。从本质上讲，它是实地盘点法的一种补充方法。

对实物资产进行盘点时，实物保管人员必须在场，并与清查人员一起参与盘点，以明确经济责任。盘点时，有关人员要认真核实，及时记录，对清查中发现异常情况，如腐烂、破损、过期失效等，致使不能使用或销售的实物资产，应详细注明并提出处理意见。盘点结果应由有关人员如实填制“盘存单”，并由盘点人和实物保管人共同签字或盖章。

盘存单是用来记录实物盘点结果，反映实物资产实存数额的原始凭证。其格式如表 7-3 所示。

表 7-3　　盘　存　单

财产类别：　　存放地点：　　盘点日期：　　编号：

编号	名称及规格	计量单位	数量	单价	金额	备注

盘点人：　（盖章）　　实物保管人：　（盖章）

为了查明各种实物资产的实存数与账存数是否一致，应根据“盘存单”和会计账簿记录，由会计人员编制“实存账存对比表”，以便确定各种账实不符资产的具体盈亏数额。

“实存账存对比表”是用来反映实物资产实存数与账存数之间的差异，并作为调整账簿记录的原始凭证。其格式如表 7-4 所示。

表 7-4　　实存账存对比表

单位名称：　　　　年　月　日　　　　编号：

编号	名称及规格	计量单位	单价	实存		账存		对比结果				备注
								盘盈		盘亏		
				数量	金额	数量	金额	数量	金额	数量	金额	

主管：(盖章)　　　　会计：(盖章)　　　　制表人：(盖章)

"实存账存对比表"又称"盘点盈亏报告单"，清查人员应以该表为基础核准各种资产的盈亏情况，分析查明账实不符的性质和原因，划清经济责任，按规定程序报请有关部门领导予以审批处理。并针对清查中发现的资产管理方面存在的问题，提出改进措施，促使各项资产管理制度的健全和完善。

在清查实物资产时，对于委托外单位加工、保管的材料、商品以及在途的材料、商品等，可采用询证方法与有关单位核对查实。

(三)往来款项的清查方法

往来款项的清查是指对各项应收、应付、预收、预付、其他应收和其他应付款项的清查。

各种往来结算款项的清查，一般是采用发函询证的方式与对方单位核对账目的方法进行的。企业应当定期或者至少于每年度终了时，对往来款项进行全面清查。清查时，应在检查单位各项结算款项账目正确完整的基础上，编制"往来款项对账单"，并送交对方单位进行核对。"往来款项对账单"通常一式两联，一联由对方企业保留，另一联作为回单。对方单位如核对相符，应在对账单上签章退回，作为清查的结果；如发现不符，应在对账单上注明不符情况或另抄对账单退回，作为进一步核对的依据。"往来款项对账单"的一般格式如表 7-5 所示。

表 7-5　往来款项对账单

单位名称：　　年　月　日

本单位入账时间	发票或凭证号数	摘要	应收或应付金额	收或付的方式	已收或已付的金额	结欠金额	对方单位入账时间	备注

对方单位：　（盖章）　　制表人：　（签章）

收到对方回单后，企业应填制“往来款项清查表”，其一般格式如表 7-6 所示。该表不能作为调整往来款项账面记录的原始依据。

表 7-6　往来款项清查表

单位名称：　　年　月　日

总分类账		明细分类账		清查结果		核对不符的原因分析			备注
户名	账面余额	户名	账面余额	核对相符金额	核对不符金额	有争议款项金额	无法收回或偿还款项	其他原因	

清查人员：　（签章）　　会计人员：　（签章）

经过对往来款项的清查，若发现记录上的错误，应按规定手续予以更正。对于双方有争议的款项和无法收回的款项等，应报请有关部门批准后另行处理，避免或减少坏账损失。在清查过程中，如发现未达账项，双方均应比照银行存款余额调节表的方法，核对往来款项是否正确。

对于单位内部各部门之间往来账项的清查，可以根据有关账簿记录直接进行核对；对于单位与内部职工个人之间往来账项的清查，可以采取定期张榜公布或直接与本人核对的方法进行核对清查。

第三节　财产清查结果的处理

一、财产清查结果的处理步骤

为保证会计核算资料的准确性，对财产清查中发现的盘盈、盘亏及毁损的财产，应及时在账簿中予以反映，做到账实相符。从账务处理的步骤看，一般分成以下两步：

第一步，根据实存账存对比表、现金盘点报告表等反映的各项财产物资的盘盈、盘亏及毁损数额，编制记账凭证并登记入账，使通过调整后的账面结存数与财产物资的实存数趋于一致，并将盈亏数额记入“待处理财产损溢”账户。同时，将盈亏情况、查明的原因及处理建议向单位领导或有关部门办理报批手续。

第二步，接到单位领导及有关部门的批复意见后，根据财产物资盘盈、盘亏的性质及原因，分别编制向责任人索赔、转入管理费用、营业外支出、营业外收入等的记账凭证，并记入有关账簿，同时核销“待处理财产损溢”账户的记录。

二、“待处理财产损溢”账户的设置

为了核算和监督企业在财产清查中查明的各项财产物资的盘盈、盘亏和毁损及处理情况，应设置“待处理财产损溢”账户。该账户为资产类账户，借方登记财产物资的盘亏、毁损数以及盘盈的转销数；贷方登记财产物资的盘盈数及盘亏、毁损的转销数。该账户在批准处理前，若为借方余额，反映企业尚未处理的各项财产物资的净损失；若为贷方余额，反映企业尚未处理的各项财产物资的净溢余。期末，报批准处理后该账户应无余额。下设“待处理流动资产损溢”和“待处理固定资产损溢”两个明细账户，用来分别核算流动资产和固定资产的损失、溢余及处理情况。

按现行会计制度的规定，对清查发现的各种财产损溢应于期末前查明原因，并根据企业的管理权限，经股东大会或董事会，或经理（厂长）会议或类似机构批准后，在期末结账前处理完毕。

三、财产清查结果的账务处理

（一）库存现金清查结果的账务处理

无法查明原因的现金长款应计入营业外收入。因出纳人员失职造成的现金短款应由出纳人员赔偿，计入其他应收款；无法查明原因的列入管理费用。

【例 7-2】大华公司在财产清查中,发现库存现金溢余 525 元,原因无法查明,经批准,列作营业外收入处理。

报审批前,根据“库存现金盘点报告表”所确定的溢余数额,编制会计分录如下:

借:库存现金　　525
　贷:待处理财产损溢——待处理流动资产损溢　　525

报审批后,根据上级批准的处理意见,编制会计分录如下:

借:待处理财产损溢——待处理流动资产损溢　　525
　贷:营业外收入　　525

【例 7-3】大华公司在财产清查中,发现库存现金短缺 300 元,其中 200 元应由出纳员李芳负责赔偿,另 100 元无法查明原因。

报审批前,根据“库存现金盘点报告表”所确定的短缺数额,编制会计分录如下:

借:待处理财产损溢——待处理流动资产损溢　　300
　贷:库存现金　　300

报审批后,做如下处理意见:由出纳员承担责任的责令其赔偿,款项未收回,无法查明原因的列入管理费用。

编制会计分录如下:

借:其他应收款——李芳　　200
　　管理费用　　100
　贷:待处理财产损溢——待处理流动资产损溢　　300

若大华公司收回李芳的赔偿款时,编制会计分录如下:

借:库存现金　　200
　贷:其他应收款——李芳　　200

(二)实物资产清查结果的账务处理

1. 存货盘盈、盘亏的账务处理

存货发现有盘盈、盘亏、毁损时,通过“待处理财产损溢——待处理流动资产损溢”账户反映。

对存货清查发现的盘盈、盘亏、毁损等情况,应查明原因,分清责任,提出处理意见。存货盘盈时冲减管理费用;盘亏时,如属过失人责任,责成其赔偿,通过“其他应收款”反映;如属自然损耗,计入管理费用;如属非常损失,则在扣除保险公司的赔偿和残料收入后,计入营业外支出。

【例 7-4】大华公司在财产清查中,发现甲材料盘盈 300 元,经查明是由于材料收发计量上的错误所致，经批准冲减管理费用。

报审批前，根据“实存账存对比表”所确定的盘盈数额，编制会计分录如下：

借：原材料——甲材料　　300

　贷：待处理财产损溢——待处理流动资产损溢　　300

报审批后，根据上级批准的处理意见，编制会计分录如下：

借：待处理财产损溢——待处理流动资产损溢　　300

　贷：管理费用　　300

【例 7-5】 大华公司在财产清查中，发现乙材料盘亏 4 000 元，其中 500 元属于定额内自然损耗，800 元是由于计量器具不准造成材料领用时多发，1 000 元属于保管人员失职造成丢失，1 700 元属于非常灾害造成的。报经批准后：因计量不准多发和定额内损耗列入管理费用；因保管员失职造成的责令其赔偿，款项未收回；因非常灾害造成的 1 000 元由保险公司赔偿，700 元列入营业外支出。

报审批前，根据“实存账对比表”所确定的盘亏数额，编制会计分录如下：

借：待处理财产损溢——待处理流动资产损溢　　4 000

　贷：原材料——乙材料　　4 000

报审批后，根据上级批准的处理意见，编制会计分录如下：

借：管理费用　　1 300

　其他应收款——××保管员　　1 000

　　　　　　——××保险公司　　1 000

　营业外支出　　700

　贷：待处理财产损溢——待处理流动资产损溢　　4 000

2. 固定资产盘盈、盘亏的账务处理

企业在财产清查中盘盈的固定资产，作为前期差错处理，按固定资产的入账价值，借记“固定资产”科目，贷记“以前年度损益调整”科目。

企业在财产清查中盘亏的固定资产，按盘亏的固定资产的账面价值，借记“待处理财产损溢”科目，按已计提的累计折旧，借记“累计折旧”科目，按固定资产的账面原值，贷记“固定资产”科目。报批处理后，按可收回的保险赔偿或过失人赔偿，借记“其他应收款”科目，按应计入营业外支出的金额，借记“营业外支出”科目，同时贷记“待处理财产损溢”科目。

【例 7-6】 大华公司在财产清查中盘盈设备一台，设备重置价值 8 000 元。

固定资产的盘盈与企业入账及时与准确相关，经查该设备是安奇公司赠送，由于赠送时设备发票及权利证书一直未收到，企业未入账，经批准作为以前年度损益调整。编制会计分录如下：

借：固定资产　　8 000

　贷：以前年度损益调整　　8 000

【例 7-7】大华公司在财产清查中，发现盘亏机器一台，其账面原值为 50 000 元，已提折旧 20 000 元，报经批准后，作为营业外支出处理。

报审批前，根据"实存账存对比表"所确定的盘亏数额，编制会计分录如下：

借：待处理财产损溢——待处理固定资产损溢　　30 000

　　累计折旧　　20 000

　贷：固定资产　　50 000

报审批后，根据上级批准的处理意见，编制会计分录如下：

借：营业外支出　　30 000

　贷：待处理财产损溢——待处理固定资产损溢　　30 000

(三)往来款项清查结果的账务处理

在财产清查过程中，若发现长期不清的往来款项，应及时进行处理，对确实无法收回的应收账款和无法支付的应付账款，可按规定分别作账务处理。对于无法支付的应付账款，应按其账面价值计入营业外收入，借记"应付账款"账户，贷记"营业外收入"账户；对于无法收回的应收账款，按管理权限报经批准后作为坏账转销，企业采用备抵法时，借记"坏账准备"账户，贷记"应收账款"账户。

【例 7-8】B 公司经查明应付给长江公司的货款 8 000 元，因长江公司撤销而无法支付，按规定转作营业外收入处理。应编制会计分录如下：

借：应付账款——长江公司　　8 000

　贷：营业外收入　　8 000

【例 7-9】大华公司在财产清查中，发现应收 A 公司的货款 3 000 元，因该公司撤销，确实无法收回，按规定作坏账损失处理。应编制会计分录如下：

借：坏账准备　　3 000

　贷：应收账款——A 公司　　3 000

复习思考题

一、单项选择题

1. 对现金进行清查应采用的方法是(　　)。

A. 实地盘点法　　B. 抽查检验法

C. 查询核对法　　D. 技术推算法

2. 银行存款的清查一般采用的方法是(　　)。

A. 实地盘点　　B. 技术推算

C. 核对账目　　D. 抽查盘点

3.“待处理财产损溢”账户属于(　　)账户。

A. 损益类　　B. 资产类

C. 成本类　　D. 所有者权益类

4. 在记账无误的情况下,银行对账单与银行存款日记账账面余额不一致的原因是(　　)。

A. 存在应付账款　　B. 存在应收账款

C. 存在外埠存款　　D. 存在未达账项

5. 下列财产物资中,可以采用技术推算法进行清查的是(　　)。

A. 现金　　B. 固定资产

C. 煤炭等大宗物资　　D. 应收账款

6. 在永续盘存制度下,平时(　　)。

A. 只在账簿中登记财产物资的增加数,不登记财产物资的减少数

B. 只在账簿中登记财产物资的减少数,不登记财产物资的增加数

C. 对各项财产物资的增加数和减少数,都要根据会计凭证在账簿中登记

D. 对各项财产物资的增加数和减少数,都不在账簿中登记

7. 一般来说,年终决算前,要(　　)。

A. 对企业所有财产进行一次全面清查

B. 对企业所有财产进行一次实地盘点

C. 对企业部分财产进行局部清查

D. 对流动性较大的财产进行全面清查

8. 库存现金清查时,在盘点结束后,应根据盘点结果,编制(　　)。

A. 实存账存对比表　　B. 盘存单

C. 现金盘点报告表　　D. 对账单

9. 在财产清查中,经查明,确认为不能收回的应收账款,做(　　)处理。

A. 营业外支出　　B. 坏账损失

C. 计入产品成本　　D. 财务费用

10. 盘盈的固定资产,应借记(　　)账户。

A. 固定资产　　B. 营业外收入

C. 营业外支出　　D. 累计折旧

二、多项选择题

1. 财产清查按清查时间可分为(　　)。

A. 定期清查　　B. 全面清查

C. 不定期清查　　　　D. 局部清查

2. 财产清查中查明的各种流动资产盘亏或毁损数，根据不同的原因，报经批准后可能列入的账户有（　　）。

A. 管理费用　　　　B. 营业外收入

C. 营业外支出　　　　D. 其他应收款

3. 实物财产清查常用的方法有（　　）。

A. 实地盘点法　　　　B. 抽查盘点法

C. 技术推算盘点法　　　　D. 核对账目法

4. 不定期清查一般是在（　　）时进行。

A. 年末结账　　　　B. 月末结账

C. 更换财产物资保管人员　　　　D. 发生非常损失

5. 财产清查按清查的范围可分为（　　）。

A. 定期清查　　　　B. 全面清查

C. 不定期清查　　　　D. 局部清查

6. 存货盘存制度有（　　）。

A. 权责发生制　　　　B. 收付实现制

C. 实地盘存制　　　　D. 永续盘存制

E. 抽查制

7. “待处理财产损溢”科目借方登记的内容有（　　）。

A. 待处理财产物资盘亏净值

B. 待处理财产物资盘亏原值

C. 结转批准处理的财产物资盘盈数

D. 结转批准处理的财产物资盘亏数

E. 应付账款盘亏处理

8. 库存现金盘点结束后，在“库存现金盘点报告表”上签名盖章的有关人员有（　　）。

A. 库存现金记账员　　　　B. 盘点人员

C. 出纳员　　　　D. 总分类账会计

E. 企业主管领导

9. 核对账目的方法适用于（　　）。

A. 库存现金清查　　　　B. 银行存款清查

C. 固定资产清查　　　　D. 库存商品清查

E. 往来款项清查

10. 在财产清查中，可以采用各种询证核对方法进行清查的项目有（ ）。

A. 预收账款　　B. 预付账款

C. 应收账款　　D. 应付账款

E. 接受委托加工和保管的材料

三、判断题

1. 一般情况下，全面清查是定期清查，局部清查是不定期清查。（ ）

2. 银行存款日记账与银行对账单余额不一致的主要原因是由于记账错误和未达账项所造成的。（ ）

3. 对于未达账项应编制银行存款余额调节表进行调节，同时将未达账项编制记账凭证登记入账。（ ）

4. 对于财产清查结果的账务处理一般分两步进行，即审批前先调整有关账面记录，审批后转入有关账户。（ ）

5. 对实物财产清查时，既要清查数量又要检验质量。（ ）

6. 存货盘盈批准处理后冲减管理费用，而存货盘亏批准处理后增加管理费用。（ ）

7. 现金和银行存款的清查都采用实地盘点法。（ ）

8. 采用永续盘存制能在账簿记录中及时反映各种财产物资的结存数额，便于财产物资的管理。（ ）

9. 企业盘亏的固定资产，经报批后一般转入“其他业务支出”账户。（ ）

10. 如果企业和银行发生记账错误，也可以通过编制“银行存款余额调节表”予以调节。（ ）

第八章 财务会计报告

◆知识目标

1. 理解财务会计报告的概念、内容及编制要求。

2. 理解资产负债、利润表、现金流量表和所有者权益(股东权益)变动表四张主要报表的概念、作用和基本结构。

3. 掌握资产负债表、利润表等主要会计报表的编制方法。

◆技能目标

1. 能够编制资产负债表、利润表等主要会计报表。

2. 熟练阅读和理解财务报表,获取有关企业的财务状况、经营业绩和现金流量等财务信息。

案例导入

2002 年 4 月 30 日上海证券报发表的《谁来为东方电子(000682)“埋单”》一文介绍:“10 亿元,一个普通投资者难以想象的股票市场资本所得收益,被东方电子用 4 年的时间装进了主营业务收入里,借以支持其高昂的股价,借以支撑利润高速增长的神话。东方电子的行为为何没有被发现? 谁又来对东方电子虚高的业绩负责呢?”

经过调查,东方电子真相大白于天下。这起由高管人员精心编造的骗局,不仅令众多的投资者蒙受巨大损失,而且也给东方电子带来了灾难性后果。

山东乾聚有限责任会计师事务所,自始至终担任东方电子的年报审计工作。该事务所的咨询业务部经理江平解释说,由于 10 亿元的股票所得是公司自身进行调整后所得数据,而会计师事务所对其准确性无法核实。因此,出具的是带有保留意见的审计报告。可见会计师事务所和注册会计师未能从其鉴证的会计报表中发现其舞弊的蛛丝马迹。

[思考题]

如何通过会计报表获取有关企业的财务状况、经营业绩和现金流量等财务信息？如何根据企业的业务如何编制会计报表？

第一节　财务会计报告概述

一、财务会计报告的概念

财务会计报告是指对企业对外提供的反映企业某一特定日期财务状况和某一会计期间经营成果、现金流量等会计信息的书面文件，是企业对外提供财务会计信息的主要形式。

二、财务会计报告的构成

财务会计报告由会计报表、会计报表附注和财务情况说明书组成。月度、季度中期财务会计报告通常仅指会计报表。

企业对外提供的财务会计报告的内容、会计报表的种类和格式、会计报表附注等的主要内容等是由国家统一的会计制度规定。财务报表格式和附注分别按一般企业、商业银行、保险公司、证券公司等企业类型予以规定。企业应当根据其经营活动的性质，确定本企业适用的财务报表格式和附注。

(一)会计报表

财务报表是对企业财务状况、经营成果和现金流量的结构性表述。

《企业会计准则第30号——财务报表列报》准则明确了财务报表的内容，财务报表至少应当包括下列组成部分：资产负债表(会企01表)、利润表(会企02表)、现金流量表(会企03表)、所有者权益(股东权益)变动表(会企04表)。小企业编制的报表可以不包括现金流量表。

(二)会计报表附注

财务报表附注应当提供关于财务报表的编制基础和企业针对重要经济业务采用的会计政策和会计估计的说明、对财务报表中重要项目的进一步解释以及未在财务报表中列示，但国家统一的会计制度要求披露，或有助于准确、完整地理解财务报表的信息。

财务报表附注应当按照下列顺序披露：

(1)财务报表的编制基础。

(2)遵循企业会计准则的声明。

(3)重要会计政策的说明,包括财务报表项目的计量基础和会计政策的确定依据等。

(4)重要会计估计的说明,包括下一会计期间内很可能导致资产和负债账面价值重大调整的会计估计的确定依据等。

(5)会计政策和会计估计变更以及差错更正的说明。

(6)对已在资产负债表、利润表、所有者权益变动表和现金流量表中列示的重要项目的进一步说明,包括终止经营税后利润的金额及其构成情况等。

(7)或有和承诺事项、资产负债表日后非调整事项、关联方关系及其交易等需要说明的事项。

(三)财务情况说明书

财务情况说明书是对企业一定期间内收入、成本、费用、利润、资金等情况进行分析总结后写成的书面文字报告,是对企业一定会计期间内生产经营、资金周转和利润实现及分配等情况的综合性说明,是财务会计报告的组成部分,应随会计报表在规定中报送时间内一同报送。

财务情况说明书的主要内容包括:企业生产经营的基本情况;利润实现和分配情况;资金增减和周转情况;对企业财务状况、经营成果和现金流量有重大影响的其他事项。

三、会计报表的分类

(一)按反映内容分类

会计报表按其反映内容的不同,可以分为静态报表和动态报表。静态报表是指综合业某一特定日期资产、负债和所有者权益状况的报表,如资产负债表和所有者权益(股东权益)变动表;动态报表是指反映企业一定时期的经营情况或现金流动情况的报表,如利润表和现金流量表。

(二)按编报时间分类

会计报表按编报时间的不同,可以分为月报、季报和年报。其中月报要求简明扼要反映;年报要求揭示完整,反映全面;而季报在会计信息的详细程度方面,则介于二者之间。《企业会计准则》要求企业编制中期财务报告,广义的中期财务报告包括月报、季报和半年报,而狭义的中期财务报告仅指半年报。

(三)按编制单位分类

会计报表按编制主体的不同,可以分为个别报表和合并报表。个别报表是指反映企业自身状况、经营成果和现金流动情况;合并报表是指反映母公司和其全部子公司形成的企业集团整体财务状况、经营成果和现金流量的财务报表。

四、会计报表的编制要求

编制的财务会计报告应当真实可靠、相关可比、全面完整、编报及时,符合国家统一的会计制度和会计准则的有关规定。其基本要求如下:

1.真实可靠

如果会计报表所提供的资料不真实或者可靠性很差,则会致使报表使用者作出错误的决策。企业会计准则规定,会计核算应当以实际发生的交易或事项为依据,如实反映企业的财务状况、经营成果和现金流量。

2.相关可比

会计报表各项目的数据应当口径一致、相互可比,便于报表使用者在不同企业之间及同一企业前后各期之间进行比较。财务报表项目的列报应当在各个会计期间保持一致,不得随意变更,但下列情况除外:

(1)会计准则要求改变财务报表项目的列报。

(2)企业经营业务的性质发生重大变化后,变更财务报表项目的列报能够提供更可靠、更相关的会计信息。

3.全面完整

企业会计报表应当全面地披露企业的财务状况、经营成果和现金流动情况,完整地反映企业财务活动的过程和结果,以满足各有关方面对财务会计信息资料的需要,不得漏编、漏报。年度和半年度中期财务会计报告,至少应当反映两个年度或者相关两个期间数据。

4.编报及时

企业会计报表所提供的信息资料具有很强的时效性,只有及时编制和报送会计报表,才能为使用者提供决策所需的信息资料。编制会计报表应该满足及时性的要求,在每个会计期的期末编制。具体时间期限是:

(1)月度中期财务会计报告应在月度终了后6天内(节假日顺延,下同)对外提供。

(2)季度中期财务报告应于季度终了后15天内对外提供。

(3)半年度中期财务会计报告应于年度中期结束后60天内对外提供。

(4)年度财务会计报告应于年度终了后4个月内对外提供。

第二节 资产负债表

一、资产负债表的概念和作用

资产负债表是反映企业某一特定日期财务状况的会计报表，它表明企业在某一特定日期所拥有或控制的经济资源、所承担的现有义务和所有者对净资产的要求权。

资产负债表的作用：

(1)通过资产负债表可以提供某一日期资产的总额及其结构，表明企业拥有或控制的经济资源及其分布情况，即有多少资源是流动资产、有多少资源是长期投资、有多少资源是固定资产，等等。

(2)通过资产负债表可以反映某一日期的负债总额以及结构，表明企业未来需要用多少资产或劳务清偿债务以及清偿时间，即流动负债有多少、长期负债有多少、长期负债中有多少需要用当期流动资金进行偿还，等等。

(3)通过资产负债表可以反映所有者权益的情况，表明投资者在企业资产中所占的份额，了解所有者权益的构成情况，据以判断资本保值、增值的情况以及对负债的保障程度。

(4)资产负债表还能够提供进行财务分析的基本资料，如通过资产负债表将流动资产与流动负债进行比较，将速动资产与流动负债进行比较，可以计算流动比率、速动比率等，以了解企业的短期偿债能力，从而有助于会计报表使用者作出经济决策。

二、资产负债表的结构

我国资产负债表按账户式反映，即资产负债表分为左方和右方，左方列示资产各项目，右方列示负债和所有者权益各项目，资产各项目的合计等于负债和所有者权益各项目的合计。通过账户式资产负债表，反映资产、负债和所有者权益之间的内在关系，并达到资产负债表左方和右方平衡。

资产负债表的格式如表8-3所示。

三、资产负债表填列方法

(一)"年初余额"的填列方法

"年初余额"栏内各项目数字,应根据上年末资产负债表"期末余额" 栏内所列数字填列。

(二)"期末余额" 的填列方法

1. 直接根据总账科目的余额填列

例如,交易性金融资产、固定资产清理、长期待摊费用、递延所得税资产、短期借款、交易性金融负债、应付票据、应付职工薪酬、应交税费、应付利息、应付股利、其他应付款、递延所得税负债、实收资本、资本公积、库存股、盈余公积等项目,应当根据相关总账科目的余额直接填列。

2. 根据几个总账科目的余额合并计算填列

例如,"货币资金"项目,应当根据"库存现金"、"银行存款"、"其他货币资金"等科目期末余额合计填列。

3. 根据有关明细科目的余额计算填列

例如,"应付账款" 项目,应当根据"应付账款"、"预付账款" 等科目所属明细科目期末贷方余额合计填列。

(1)企业设置"应收账款"账户不设置"预收账款"账户。

应收账款总账借方余额 12 000

其中:应收账款——A 单位 借方余额 2 000

应收账款——B 单位 借方余额 16 000

应收账款——C 单位 贷方余额 6 000

"应付账款"项目应填列 18 000

"预收账款"项目应填列 6 000

(2)企业设置"应收账款"账户也设置"预收账款"账户。

应收账款总账借方余额 12 000

其中:应收账款——A 单位 借方余额 2 000

应收账款——B 单位 借方余额 16 000

应收账款——C 单位 贷方余额 6 000

预收账款总账贷方余额 3 000

其中:预收账款——A 单位 贷方余额 2 000

预收账款——B 单位 贷方余额 8 000

预收账款——C 单位 借方余额 7 000

“应付账款”项目应填列 25 000

“预收账款”项目应填列 16 000

(3)企业设置“应付账款”账户不设置“预付账款”账户。

应付账款总账贷方余额 4 000

其中:应付账款——A单位 贷方余额 10 000

应付账款——B单位 借方余额 15 000

应付账款——C单位 贷方余额 9 000

“应付账款”项目应填列 19 000

“预收账款”项目应填列 15 000

(4)企业设置“应付账款”账户也设置“预付账款”账户。

应付账款总账贷方余额 4 000

其中:应付账款——A单位 贷方余额 10 000

应付账款——B单位 借方余额 15 000

应付账款——C单位 贷方余额 9 000

预付账款总账借方余额 2 000

其中:预付账款——A单位 借方余额 6 000

预付账款——B单位 贷方余额 11 000

预付账款——C单位 借方余额 7 000

“应付账款”项目应填列 30 000

“预收账款”项目应填列 28 000

4.根据总账科目和明细科目的余额分析计算填列

例如“长期应收款”项目,应当根据“长期应收款”总账科目余额,减去“未实现融资收益”总账科目余额,再减去所属相关明细科目中将于一年内到期的部分填列;“长期借款”项目,应当根据“长期借款”总账科目余额扣除“长期借款”科目所属明细科目中将于一年内到期的部分填列;“应付债券”项目,应当根据“应付债券”总账科目余额扣除“应付债券”科目所属明细科目中将于一年内到期的部分填列;“长期应付款”项目,应当根据“长期应付款”总账科目余额,减去“未确认融资费用”总账科目余额,再减去所属相关明细科目中将于一年内到期的部分填列。

5.根据总账科目与其备抵科目抵销后的净额填列

例如“存货”项目,应当根据“原材料”、“库存商品”、“发出商品”、“周转材料”等科目期末余额合计数,减去“存货跌价准备”科目期末余额后的金额填列;“持有至到期投资”项目,应当根据“持有至到期投资”科目期末余额,减去“持有至到期投资减值准备”科目期末余额后的金额填列。

四、资产负债表编制举例

资料一:长青公司 2009 年 12 月 31 日的总账科目余额数据如表 8-1 所示。

表 8-1 总账科目余额表

2009 年 12 月 31 日

资产科目	金额	负债及所有者权益科目	金额
库存现金	2 000	短期借款	300 000
银行存款	298 000	应付账款	400 000
应收账款	100 000	应付职工薪酬	100 000
原材料	100 000	应交税费	200 000
库存商品	300 000	实收资本	500 000
固定资产	1 000 000		
减:累计折旧	300 000		
资产类合计	1 500 000	负债及所有者权益类合计	1 500 000

资料二:长青公司 2010 年 12 月 31 日的总账科目余额数据如表 8-2 所示。

表 8-2 总账科目余额表

2010 年 12 月 31 日

资产科目	金额	负债及所有者权益科目	金额
库存现金	2 000	短期借款	180 000
银行存款	414 250	应付账款	577 000
应收账款	271 000	应付职工薪酬	70 000
生产成本	50 000	应交税费	246 500
原材料	200 000	长期借款	200 000
库存商品	250 000	实收资本	600 000
固定资产	1 100 000	盈余公积	19 125
减:累计折旧	350 000	利润分配(未分配利润)	44 625
合计	1 937 250	合计	1 937 250

根据资料一、资料二编制长青公司的资产负债表如表 8-3 所示。

表 8-3　　资产负债表　　会企 01 表

编制单位：长青公司　　2010 年 12 月 31 日　　单位：元

资　产	期末余额	年初余额	负债和所有者权益（或股东权益）	期末余额	年初余额
流动资产：			流动负债：		
货币资金	416 250	300 000	短期借款	180 000	300 000
交易性金融资产	0	0	交易性金融负债	0	0
应收票据	0	0	应付票据	0	0
应收账款	271 000	100 000	应付账款	577 000	400 000
预付款项	0	0	预收款项	0	0
应收利息	0	0	应付职工薪酬	70 000	100 000
应收股利	0	0	应交税费	246 500	200 000
其他应收款	0	0	应付利息	0	0
存货	500 000	400 000	应付股利	0	0
一年内到期的非流动资产	0	0	其他应付款	0	0
其他流动资产	0	0	一年内到期的非流动负债	0	0
流动资产合计	1 187 250	800 000	其他流动负债	0	0
非流动资产：			流动负债合计	1 073 500	1 000 000
可供出售金融资产	0	0	非流动负债：		
持有至到期投资	0	0	长期借款	200 000	0
长期应收款	0	0	应付债券	0	0
长期股权投资	0	0	长期应付款	0	0
投资性房地产	0	0	专项应付款	0	0
固定资产	750 000	700 000	预计负债	0	0
在建工程	0	0	递延所得税负债	0	0
工程物资	0	0	其他非流动负债	0	0
固定资产清理	0	0	非流动负债合计	200 000	0
生产性生物资产	0	0	负债合计	1 273 500	0
油气资产	0	0	所有者权益（或股东权益）：		

续表 8-3

资　产	期末余额	年初余额	负债和所有者权益（或股东权益）	期末余额	年初余额
无形资产	0	0	实收资本（或股本）	600 000	500 000
开发支出	0	0	资本公积	0	0
商誉	0	0	减：库存股	0	0
长期待摊费用	0	0	盈余公积	19 125	0
递延所得税资产	0	0	未分配利润	44 625	0
其他非流动资产	0	0	所有者权益（或股东权益）合计	663 750	500 000
非流动资产合计	750 000	700 000			
资产总计	1 937 250	1 500 000	负债和所有者权益（或股东权益）总计	1 937 250	1 500 000

第三节　利　润　表

一、利润表的概念和作用

利润表是反映企业一定期间生产经营成果的会计报表。利润表把一定期间的营业收入与其同一会计期间相关的营业费用进行配比，以计算出企业一定时期的净利润（或净亏损）。

利润表的作用：

（1）通过利润表反映的收入、费用等情况，能够反映企业生产经营的收益和成本耗费情况，表明企业生产经营成果。

（2）用以分析企业利润的构成。

（3）通过利润表提供的不同时期的比较数字（本月数、本年累计数、上年数），可以分析企业今后利润的发展趋势及获利能力。

二、利润表的结构

目前比较普遍的利润表的结构有多步式利润表和单步式利润表两种，我国一般采用多步式利润表，其结构见表 8-5。

多步式利润表是经过多个层次的收入与费用的配比才能计算出利润的报表。

它是适当划分企业的收入和费用项目，并以不同的方式在利润表上将收入与费用项目组合起来，还可以提供各种各样的有关企业经营成果的指标，便于对企业生产经营成果的分析，有利于不同企业之间的比较，有利于预测企业未来的盈利能力，克服了单步式利润表的局限。

在多步式利润表上，按利润总额的构成因素和净利润的形成过程逐步计算，一般可以分为以下几步：

第一步：计算营业利润

营业利润＝营业收入－营业成本－营业税金及附加－销售费用－管理费用－财务费用－资产减值损失＋公允价值变动收益＋投资收益

第二步　计算利润总额。

利润总额＝营业利润＋营业外收入－营业外支出

第三步　计算净利润。

净利润＝利润总额－所得税费用

三、利润表的填列方法

“本期金额”栏反映各项目的本期实际发生数。如果上年度利润表的项目名称和内容与本年度利润表不相一致，应对上年度利润表项目的名称和数字按本年度的规定进行调整，填入报表的“上期金额”栏。

报表中各项目主要根据各损益类科目的发生额分析填列。

四、利润表编制举例

资料三：长青公司 2010 年 1～12 月份损益类账户发生额有关资料如表 8-4 所示。

表 8-4　　损益类账户发生额表

2010 年 12 月

损益类账户	借方发生额	贷方发生额
主营业务收入		300 000
主营业务成本	50 000	
销售费用	20 000	
管理费用	30 000	
财务费用	30 000	
所得税费用	42 500	

根据资料三，编制长青公司利润表如表8-5所示。

表8-5　　利　润　表　　会企02表

编制单位：长青公司　　2010年度　　单位：元

项　目	本期金额	上期金额（略）
一、营业收入	300 000	
减：营业成本	50 000	
营业税金及附加	0	
销售费用	20 000	
管理费用	30 000	
财务费用	30 000	
资产减值损失	0	
加：公允价值变动收益（损失以“—”号填列）	0	
投资收益（损失以“—”号填列）	0	
其中：对联营企业和合营企业的投资收益	0	
二、营业利润（亏损以“—”号填列）	170 000	
加：营业外收入	0	
减：营业外支出	0	
其中：非流动资产处置损失	0	
三、利润总额（亏损总额以“—”号填列）	170 000	
减：所得税费用	42 500	
四、净利润（净亏损以“—”号填列）	127 500	
五、每股收益：	（略）	
（一）基本每股收益		
（二）稀释每股收益		

第四节　现金流量表

一、现金及现金流量表的定义

现金流量表是指反映企业在一定会计期间现金和现金等价物流入和流出的报表。

现金是指企业库存现金以及可以随时用于支付的存款。

现金等价物是指企业持有的期限短、流动性强、易于转换为已知金额现金、价值变动风险很小的投资。其中，期限较短一般是指从购买日起3个月内到期，例如可在证券市场上流通的3个月到期的短期债券投资等。权益性投资变现的金额通常不确定，因而不属于现金等价物。

现金流量是指现金和现金等价物的流入和流出。

二、现金流量的分类

按照企业经营业务发生的性质将企业一定期间内产生的现金流量分为三类：

1.经营活动产生的现金流量

经营活动的现金流量是指企业投资活动和筹资活动以外的所有交易和事项所导致的现金收入和支出。

经营活动是指企业投资活动和筹资活动以外的所有交易和事项，对于工商企业而言，经营活动主要包括销售商品、提供劳务、购买商品、接受劳务、交纳税费等。

2.投资活动产生的现金流量

投资活动的现金流量是指企业在投资活动中所导致的现金收入和支出。

投资活动是指企业长期资产的购建和不包括在现金等价物范围内的投资及其处置活动。

3.筹资活动产生的现金流量

筹资活动的现金流量是指企业在筹资活动中所导致的现金收入和支出。

筹资活动是指导致企业资本及债务规模和构成发生变化的活动，资本包括实收资本、资本溢价；债务指对外举债，包括向银行借款、发行债券以及偿还债务等。通常情况下，应付账款、应付票据等商业应付款等属于经营活动，不属于筹资活动。

对于企业日常活动之外的，不经常发生的特殊项目，如自然灾害损失、保险赔款、捐赠等，应当在现金流量表中归并到相关类别中，并单独反映。

三、现金流量表的结构和编制方法

(一)现金流量表的结构和内容

我国企业的现金流量表包括正表和补充资料两部分。

1.现金流量表正表

正表是现金流量表的主体，企业一定会计期间现金流量的信息主要由正表提供。正表采用报告式的结构，按照现金流量的性质，分为经营活动产生的现金流量、投资活动产生的现金流量、筹资活动产生的现金流量、汇率变动的影响数和现金及现金等价物变动净额五大项。其中前三部分是现金流量表的核心,分别从现金流入和现金流出反映企业的现金流动情况。

2.现金流量表补充资料

补充资料包括三部分内容:

(1)将净利润调节为经营活动的现金流量。此项金额应与正表中第一项“经营活动产生的现金流量净额”核对相符。

(2)不涉及现金收支的投资和筹资活动,属于应在补充资料中单独反映的项目。

(3)现金及现金等价物净增加额情况,此项金额应与正表中第五项“现金及现金等价物净增加额”核对相符。

我国一般企业现金流量表的基本格式见表8-7、表8-8。

(二)现金流量表的编制方法

1. 直接法

直接法是通过现金收入和现金支出的主要类别反映来自企业经营活动的现金流量。采用直接法编制经营活动的现金流量时,一般以利润表中的营业收入为起算点,调整与经营活动有关的项目的增减变动,然后计算出经营活动的现金流量。

2. 间接法

间接法是以本期净利润为起算点,调整不涉及现金的收入、费用、营业外收支等有关项目的增减变动,据此计算出经营活动的现金流量。

采用直接法提供的信息有助于评价企业未来现金流量。国际会计准则鼓励企业采用直接法编制现金流量表。在我国,现金流量表也以直接法编制,但在现金流量表的补充资料中还单独按照间接法反映经营活动现金流量的情况。

(三)现金流量表的具体编制方法

在具体编制现金流量表时,可以采用工作底稿法或“T”形账户法编制,也可以直接根据有关科目记录分析填列。

1.工作底稿法

采用工作底稿法编制现金流量表,是以工作底稿为手段,以利润表和资产负债表数据为基础,对每一项目进行分析并编制调整分录,从而编制出现金流量表。

(1)现金流量工作底稿的格式:

在直接法下,整个工作底稿纵向分成三段:第一段是利润表项目;第二段资产负债表项目,其中又分为借方项目和贷方项目两部分;第三段是现金流量表项目。

工作底稿横向分为五栏,在资产负债表部分,第一栏是项目栏,填列资产负债表各项目名称;第二栏是期初数,用来填列资产负债表项目的期初数;第三栏是调整分录的借方；第四栏是调整分录的贷方；第五栏是期末数，用来填列资产负债表项目的期末数。

在利润表和现金流量表部分，第一栏也是项目栏，用来填列利润表和现金流量表项目名称；第二栏空置不填；第三、第四栏分别是调整分录的借方和贷方；第五栏是本期数，利润表部分这一栏数字应和本期利润表数字核对相符，现金流量表部分这一栏的数字可直接用来编制正式的现金流量表。

(2)工作底稿法的程序：

第一步，将资产负债表的期初数和期末数过入工作底稿的期初数栏和期末数栏。

第二步，对当期业务进行分析并编制调整分录。

调整分录大体有这样几类：

第一类涉及利润表中的收入、成本和费用项目以及资产负债表中的资产、负债及所有者权益项目，通过调整，将权责发生制下的收入费用转换为现金基础。

第二类是涉及资产负债表和现金流量表中的投资、筹资项目，反映投资和筹资活动的现金流量。

第三类是涉及利润表和现金流量表中的投资和筹资项目，目的是将利润表中有关投资和筹资方面的收入和费用列入到现金流量表投资、筹资现金流量中去。

第四类是一些不涉及现金收支调整分录，只是为了核对资产负债表项目的期末数变动。

在调整分录中，有关现金和现金等价物的事项，并不直接借记或贷记现金，而是分别记入“经营活动产生的现金流量”、”投资活动产生的现金流量”、“筹资活动产生的现金流量”有关项目，借记表明现金流入，贷记表明现金流出。

第三步，将调整分录过入工作底稿中的相应部分。

第四步，核对调整分录，借贷合计应当相等，资产负债表项目期初数加减调整分录中的借贷金额以后，应当等于期末数。

第五步，根据工作底稿中的现金流量表项目部分编制正式的现金流量表。

2.“T”形账户法

采用“T”形账户法编制现金流量表的程序如下：

第一步，为所有的非现金项目(包括资产负债表项目和利润表项目)分别开设“T”形账户，并将各自的期末期初变动数过入各该账户。

第二步，开设一个大的“现金及现金等价物”“T”形账户，每边分为经营活动、投资活动和筹资活动三个部分，左边记现金流入，右边记现金流出。与其他账户一样，过入期末期初变动数。

第三步，以利润表项目为基础，结合资产负债表分析每一个非现金项目的增减变动，并据此编制调整分录。

第四步，将调整分录过入各“T”形账户，并进行核对，该账户借贷相抵后的余额与原先过入的期末期初变动数应当一致。

第五步，根据大的“现金及现金等价物”“T”形账户编制正式的现金流量表。

四、现金流量表编制举例

现金及现金等价物净增加额，反映经营活动产生的现金流量净额、投资活动产生的现金流量净额、筹资活动产生的现金流量净额三项之和。

现金及现金等价物净增加额＝年末资产负债表里的货币资金期末余额－货币资金期初余额

根据前面编制的资产负债表、利润表所提供的资料，按照工作底稿法可以编制现金流量表如下：

第一步，将资产负债表的期初数和期末数过入工作底稿的期初数栏和期末数栏。

第二步，对当期业务进行分析并编制调整分录。编制调整分录时，要以利润表项目为基础，从“营业收入”开始，结合资产负债表项目逐一进行分析。利润表项目调整完，再调整资产负债表项目。

在本例中，根据资产负债表(表 8-3)，我们首先应当知道现金及现金等价物净增加额为 116 250 元。

2010 年 1～12 月，长青公司发生以下业务：

1. 收到华星公司现金投资，投资额共 100 000 元，款项通过银行转账收到；

2. 从银行借入两年期借款 200 000 元；

3. 归还短期借款本金 120 000 元及利息 30 000 元(利息未预提)；

4. 购入原材料 100 000 元，增值税率 17%，款项未付，材料验收入库；

5. 计提固定资产折旧 50 000 元，其中车间折旧 30 000 元、行政管理部门 20 000 元；

6. 支付上月职工工资 60 000 元，以存款转账；

7. 收到客户上月欠下的货款 80 000 元，款项存入银行；

8. 销售商品一批，售价 300 000 元，增值税率 17%，收到货款 100 000 元，余款暂欠；该批商品的成本为 50 000 元；

9. 结转本月职工工资，生产人员 20 000 元，行政管理人员 10 000 元；

10. 结转制造费用；

11. 用银行存款交纳本月所得税 30 000 元；

12.以银行存款支付销售费用20 000元；

13.结转损益类科目；

14.计算并结转所得税；

15.结转净利润；

16.按净利润的10%计提盈余公积、5%计提公益金、按净利润的50%向投资者分配现金利润；

17.以存款向投资者发放利润；

18.结转已分配利润；

19.购入固定资产100 000元，支付了40 000元买价，余款未付。

会计分录如下：

1.借：银行存款	100 000	
贷：实收资本		100 000
2.借：银行存款	200 000	
贷：长期借款		200 000
3.借：短期借款	120 000	
财务费用	30 000	
贷：银行存款		150 000
4.借：原材料	100 000	
应交税费——应交增值税(进项税额)	17 000	
贷：应付账款		117 000
5.借：制造费用	30 000	
管理费用	20 000	
贷：累计折旧		50 000
6.借：应付职工薪酬	60 000	
贷：银行存款		60 000
7.借：银行存款	80 000	
贷：应收账款		80 000
8.借：银行存款	100 000	
应收账款	251 000	
贷：主营业务收入		300 000
应交税费——应交增值税(销项税额)		51 000
借：主营业务成本	50 000	
贷：库存商品		50 000

9.借：生产成本 20 000
管理费用 10 000
贷：应付职工薪酬 30 000
10.借：生产成本 30 000
贷：制造费用 30 000
11.借：应交税费——应交所得税 30 000
贷：银行存款 30 000
12.借：销售费用 20 000
贷：银行存款 20 000
13.借：主营业务收入 300 000
贷：本年利润 300 000
借：本年利润 130 000
贷：主营业务成本 50 000
财务费用 30 000
管理费用 30 000
销售费用 20 000
14.借：所得税费用 42 500
贷：应交税费——应交所得税 42 500
借：本年利润 42 500
贷：所得税费用 42 500
15.借：本年利润 127 500
贷：利润分配——未分配利润 127 500
16.借：利润分配——提取盈余公积 12 750
利润分配——提取公益金 6 375
利润分配——应付利润 63 750
贷：盈余公积 19 125
应付利润 63 750
17.借：应付利润 63 750
贷：银行存款 63 750
18.借：利润分配——未分配利润 82 875
贷：利润分配——提取盈余公积 12 750
利润分配——提取公益金 6 375
利润分配——应付利润 63 750

19.借：固定资产　　100 000

　贷：银行存款　　40 000

　　　应付账款　　60 000

编制抵销分录如下：

1.调整营业收入

借：应收账款　　171 000

　　经营活动现金流量——销售商品、提供劳务收到的现金　　180 000

　贷：营业收入　　300 000

　　　应交税费　　51 000

调整营业收入项目要与应收账款、应收票据、应交税费——应交增值税(销项税额)项目相联系，其中应收账款、应收票据的增加表示本期没有收到销售商品、提供劳务的现金，会减少经营活动现金流入；而应收账款、应收票据的减少表示收到了销售商品、提供劳务的现金，会增加经营活动现金流入。

本期发生的营业收入 300 000 和应交税费——应交增值税(销项税额)51 000 中有 171 000 形成了应收账款，其余的 180 000 记为“借:经营活动现金流量——销售商品、提供劳务收到的现金”。

2.调整营业成本

借：营业成本　　50 000

　贷：存货　　50 000

本期发生的营业成本 50 000，都是来自存货的消耗，企业并未发生现金流出。

借：存货　　150 000

　　应交税费(二次调整)　　17 000

　贷：应付账款　　117 000

　　　应付职工薪酬　　20 000

　　　固定资产——累计折旧　　30 000

调整营业成本项目要与存货、应付账款、应付票据、应交税费——应交增值税(进项税额)项目相联系，其中应付账款、应付票据的增加表示购买商品、接受劳务没有支付现金，减少了经营活动现金流出；而应付账款、应付票据的减少表示本期支付了购买商品、接受劳务的现金，会增加经营活动现金流出。

本期存货的借方发生额是 150 000，其中有 100 000 是购入的存货成本，伴随它的发生还形成了 17 000 的应交税费——应交增值税(进项税额)，合计 117 000 形成的是应付账款，企业并未发生现金流出。另外 50 000 中有 20 000 形成了应付职工薪酬，有 30 000 是计入制造费用的累计折旧，企业也未发生现金流出。

3.调整管理费用

借：管理费用　　30 000

　贷：经营活动现金流量——支付的其他与经营活动有关的现金　　30 000

本期发生管理费用30 000,先视为全部发生现金流出企业,记为"贷:经营活动现金流量——支付的其他与经营活动有关的现金",其中不涉及现金流出的金额,在有关项目中再调整。

4.调整财务费用

借：财务费用　　30 000

　贷：筹资活动现金流量——分配股利、利润或偿付利息支付的现金　30 000

本期发生财务费用30 000,先视为全部发生现金流出企业,记为"贷:筹资活动现金流量——分配股利、利润或偿付利息支付的现金",其中不涉及现金流出的金额,在有关项目中再调整。本例中30 000的财务费用实际全部发生了现金流出企业,以后不需调整了。

5.调整销售费用

借：销售费用　　20 000

　贷：经营活动现金流量——支付的其他与经营活动有关的现金　　20 000

6. 调整所得税费用

借：所得税费用　　42 500

　贷：应交税费(三次调整)　　42 500

调整所得税费用是不涉及现金收支调整分录。

7.调整固定资产

借：固定资产　　100 000

　贷：投资活动现金流量——购买固定资产、无形资产及其他长期资产支付的现金　　40 000

　　　应付账款(二次调整)　　60 000

本期新增加的100 000固定资产,有40 000用存款支付,另外60 000形成了应付账款,企业发生了现金流出40 000。记为"贷:投资活动现金流量——购买固定资产、无形资产及其他长期资产支付的现金" 40 000。

8.调整累计折旧

借：经营活动现金流量——支付的其他与经营活动有关的现金　　20 000

　贷：固定资产——累计折旧(二次调整)　　20 000

本期计提的累计折旧50 000,其中计入制造费用的30 000已在存货项目中调整了。计入管理费用的20 000,在调整管理费用时已记为"贷:经营活动现金流量——支付的其他与经营活动有关的现金”，而实际上并未发生现金流出，因此应作补充调整，记为“借：经营活动现金流量——支付的其他与经营活动有关的现金”，表示对支付的冲减。

9. 调整短期借款

借：短期借款　120 000

　贷：筹资活动现金流量——偿还债务支付的现金　120 000

本期归还短期借款本金 120 000 记为“贷：筹资活动现金流量——偿还债务支付的现金”。

10. 调整应付职工薪酬

借：经营活动现金流量——支付的其他与经营活动有关的现金　10 000

　贷：应付职工薪酬(二次调整)　10 000

本期形成的应付职工薪酬 30 000，其中的 20 000 已在存货项目中调整了。计入管理费用的 10 000，在调整管理费用时已记为“贷：经营活动现金流量——支付的其他与经营活动有关的现金”，而实际上并未发生现金流出，因此应作补充调整，记为“借：经营活动现金流量——支付的其他与经营活动有关的现金”，表示对支付的冲减。

借：应付职工薪酬(三次调整)　60 000

　贷：经营活动现金流量——支付给职工以及为职工支付的现金　60 000

本期以存款支付 11 月职工工资 60 000 元，记为“贷：经营活动现金流量——支付给职工以及为职工支付的现金”。

11. 调整应交税费(所得税)

借：应交税费(四次调整)　30 000

　贷：经营活动现金流量——支付的各项税费　30 000

本期用银行存款交纳本月所得税 30 000，记为“贷：经营活动现金流量——支付的各项税费”。

12. 调整长期借款

借：筹资活动现金流量——取得借款收到的现金　200 000

　贷：长期借款　200 000

本期从银行借入两年期借款 200 000，记为“借：筹资活动现金流量——取得借款收到的现金”。

13. 调整实收资本

借：筹资活动现金流量——吸收投资收到的现金　100 000

　贷：实收资本　100 000

本期收到华星公司现金投资100 000,记为“借:筹资活动现金流量——吸收投资收到的现金”。

14. 结转净利润

借:净利润 127 500

贷:利润分配——未分配利润 127 500

调整结转净利润是不涉及现金收支调整分录。

15.调整利润分配

借:利润分配——未分配利润 82 875

贷:盈余公积——提取盈余公积 19 125

应付利润 63 750

调整利润分配是不涉及现金收支调整分录。

16. 调整应付利润

借:应付利润 63 750

贷:筹资活动现金流量——分配股利、利润或偿付利息支付的现金 63 750

本期以存款向投资者发放利润56 950,记为“贷:筹资活动现金流量——分配股利、利润或偿付利息支付的现金”。

17. 最后调整现金净变化额

借:货币资金 116 250

贷:现金及现金等价物净增加额 116 250

第三步,将调整分录过入工作底稿的相应部分,如表8-6所示。

第四步,核对调整分录,借方、贷方合计数均已经相等,资产负债表项目期初数加减调整分录中的借贷金额以后,也已等于期末数。

第五步,根据工作底稿中的现金流量表项目部分编制正式的现金流量表,如表8-7所示。

表8-6 现金流量表工作底稿 单位:元

项 目		调整分录		本期数
		借方	贷方	
一、利润表				
营业收入			(1)300 000	300 000
营业成本		(2)50 000		50 000
营业税金及附加		0		0
销售费用		(5)20 000		20 000

续表 8-6

项目		调整分录		本期数
		借方	贷方	
管理费用		(3)30 000		30 000
财务费用		(4)30 000		30 000
资产减值损失		0		0
所得税费用		(6)42 500		42 500
净利润		(14)127 500		127 500
二、资产负债表	期初数			期末数
货币资金	300 000	(17)116 250		416 250
应收账款	100 000	(1)171 000		271 000
存货	400 000	(2)150 000	(2)50 000	500 000
固定资产	700 000	(7)100 000	(2)30 000 (8)20 000	750 000
资产合计	1 500 000			1 937 250
短期借款	300 000	(9)120 000		180 000
应付账款	400 000		(2)117 000 (7)60 000	577 000
应付职工薪酬	100 000	(10)60 000	(2)20 000 (10)10 000	70 000
应付利润	0	(16)63 750	(15)63 750	
应交税费	200 000	(2)17 000 (11)30 000	(1)51 000 (6)42 500	246 500
长期借款	0		(12)200 000	200 000
实收资本	500 000		(13)100 000	600 000
盈余公积	0		(15)19 125	19 125
未分配利润	0	(15)19 125 (15)63 750	(14)127 500	44 625
负债所有者权益合计	1 500 000			1 937 250
三、现金流量表				本期数
(一)经营活动				

续表 8-6

项目		调整分录		本期数
		借方	贷方	
销售商品、提供劳务收到的现金		(1)180 000		180 000
经营活动现金流入小计				180 000
购买商品、接受劳务支付的现金				0
支付给职工以及为职工支付的现金			(10)60 000	60 000
支付的各项税费			(11)30 000	30 000
支付的其他与经营活动有关的现金		(8)20 000 (10)10 000	(3)30 000 (5)20 000	20 000
经营活动现金流出小计				110 000
经营活动现金流量净额				70 000
(二)投资活动				
收回投资收到的现金……				0
投资活动现金流入小计				0
购建固定资产——支付的现金			(7)40 000	40 000
投资活动现金流出小计				40 000
投资活动现金流量净额				−40 000
(三)筹资活动				
吸收投资所收到的现金		(13)100 000		100 000
取得借款所收到的现金		(12)200 000		200 000
筹资活动现金流入小计				300 000
偿还债务所支付的现金			(9)120 000	120 000
分配股利、利润和偿付利息所支付的现金			(4)30 000 (16)63 750	93 750
筹资活动现金流出小计				213 750
筹资活动现金流量净额				86 250
(四)现金及现金等价物净增加额			(17)116 250	116 250
调整金额合计		1 720 875	1 720 875	

表 8-7

现金流量表

会企 03 表

编制单位:长青公司　　2010 年度　　单位:元

项　　目	行次	本期金额	上期金额
一、经营活动产生的现金流量:	1		
销售商品、提供劳务收到的现金	2	180 000	
收到的税费返还	3	0	
收到其他与经营活动有关的现金	4	0	
经营活动现金流入小计	5	180 000	
购买商品、接受劳务支付的现金	6	0	
支付给职工以及为职工支付的现金	7	60 000	
支付的各项税费	8	30 000	
支付其他与经营活动有关的现金	9	20 000	
经营活动现金流出小计	10	110 000	
经营活动产生的现金流量净额	11	70 000	
二、投资活动产生的现金流量:	12		
收回投资收到的现金	13	0	
取得投资收益收到的现金	14	0	
处置固定资产、无形资产和其他长期资产收回的现金净额	15	0	
处置子公司及其他营业单位收到的现金净额	16	0	
收到其他与投资活动有关的现金	17	0	
投资活动现金流入小计	18	0	
购建固定资产、无形资产和其他长期资产支付的现金	19	40 000	
投资支付的现金	20	0	
取得子公司及其他营业单位支付的现金净额	21	0	
支付其他与投资活动有关的现金	22	0	
投资活动现金流出小计	23	40 000	
投资活动产生的现金流量净额	24	－40 000	
三、筹资活动产生的现金流量:	25		
吸收投资收到的现金	26	100 000	

续表 8-7

项　　目	行次	本期金额	上期金额
取得借款收到的现金	27	200 000	
收到其他与筹资活动有关的现金	28	0	
筹资活动现金流入小计	29	300 000	
偿还债务支付的现金	30	120 000	
分配股利、利润或偿付利息支付的现金	31	93 750	
支付其他与筹资活动有关的现金	32	0	
筹资活动现金流出小计	33	213 750	
筹资活动产生的现金流量净额	34	86 250	
四、汇率变动对现金现金等价物的影响	35		
五、现金及现金等价物净增加额	36	116 250	
加:期初现金及现金等价物余额	37	300 000	
六、期末现金及现金等价物余额	38	416 250	

现金流量表补充资料:现金流量表补充资料披露格式及有关内容说明企业应当采用间接法在现金流量表附注披露将净利润调节为经营活动现金流量的信息。间接法是指以净利润为起算点,调整不涉及现金的收入、费用、营业外收支等有关项目,剔除投资活动、筹资活动对现金流量的影响,据此计算出经营活动产生的现金流量,如表 8-8 所示。

表 8-8　　现金流量表补充资料

补 充 资 料	39	本期金额	上期金额
1. 将净利润调节为经营活动现金流量:	40		
净利润	41	127 500	
加:资产减值准备	42	0	
固定资产折旧、油气资产折耗、生产性生物资产折旧	43	50 000	
无形资产摊销	44	0	
长期待摊费用摊销	45	0	
处置固定资产、无形资产和其他长期资产的损失(收益以“—”号填列)	46	0	
固定资产报废损失(收益以“—”号填列)	47	0	
公允价值变动损失(收益以“—”号填列)	48	0	

续表 8-8

补充资料	39	本期金额	上期金额
财务费用(收益以"－"号填列)	49	30 000	
投资损失(收益以"－"号填列)	50	0	
递延所得税资产减少(增加以"－"号填列)	51	0	
递延所得税负债增加(减少以"－"号填列)	52	0	
存货的减少(增加以"－"号填列)	53	－100 000	
经营性应收项目的减少(增加以"－"号填列)	54	－171 000	
经营性应付项目的增加(减少以"－"号填列)	55	147 100	
其他	56	0	
经营活动产生的现金流量净额	57	70 000	
2.不涉及现金收支的重大投资和筹资活动:	58		
债务转为资本	59	0	
一年内到期的可转换公司债券	60	0	
融资租入固定资产	61	0	
3.现金及现金等价物净变动情况:	62		
现金的期末余额	63	416 250	
减:现金的期初余额	64	300 000	
加:现金等价物的期末余额	65	0	
减:现金等价物的期初余额	66	0	
现金及现金等价物净增加额	67	116 250	

复习思考题

一、单项选择题

1. 资产负债表中资产的排列顺序是(　　)。

A. 项目收益性　　B. 项目重要性

C. 项目流动性　　D. 项目时间性

2. 下列资产负债表项目中,不可以直接根据总分类账户期末余额填列的项目是(　　)。

A. 资本公积　　B. 短期借款

C. 长期借款　　D. 应付股利

3. 我国利润表采用(　　)格式。

A. 账户式　　B. 报告式

C. 单步式　　D. 多步式

二、多项选择题

1. 编制资产负债表时,需根据有关资产科目与其备抵科目抵销后的净额填列的项目有(　　)。

A. 固定资产　　B. 长期借款

C. 应收账款　　D. 应交税费

2. 资产负债表中的"存货"项目反映的内容包括(　　)。

A. 固定资产　　B. 在途物资

C. 原材料　　D. 生产成本

E. 库存商品

3. 资产负债表中的"货币资金"项目,应根据(　　)科目期末余额的合计数填列。

A. 无形资产　　B. 库存现金

C. 银行存款　　D. 其他货币资金

三、判断题

1. 资产负债表反映的是企业在一定时期财务状况的报表。(　　)

2. 我国利润表的格式采用多步式。(　　)

3. 资产负债表的编制依据为"资产＝负债＋所有者权益"。(　　)

第九章　会计档案管理

◆知识目标

1. 了解会计档案在会计活动中的作用。

2. 熟悉会计档案的基本内容。

3. 熟练掌握会计档案的管理规定。

◆技能目标

1. 科学开展会计档案管理工作。

2. 能够准确地判断分析会计档案管理中存在的问题。

案例导入

龙江公司内部人员调整中，会计李某调离会计工作岗位，负责会计档案保管工作，离岗前与接替者王某在财务科长的监交下办妥了会计工作交接手续。李某负责会计档案工作后，公司档案管理部门会同财务科将已到期会计资料编造清册，报请公司负责人批准后，由李某进行了销毁处理。年底，财政部门对该公司进行财务检查时，发现原会计李某所记的账目中有会计作假行为。在财政部门调查时，原会计李某说，已经办理会计交接手续，现任会计王某和财务科长均在移交清册上签了字，自己不再承担任何责任。

[思考题]

试指出该公司会计档案方面存在的问题。

第一节　会计档案及其内容

一、会计档案的概念

会计档案是指会计凭证、会计账簿和财务会计报告等会计核算专业材料，是记录和反映单位经济业务的重要史料和证据。

二、会计档案的内容

会计档案具体包括以下内容：

(1)会计凭证类，包括原始凭证、记账凭证、汇总凭证，其他会计凭证。

(2)会计账簿类，总账、明细账、日记账、固定资产卡片、辅助账簿，其他会计账簿。

(3)财务报告类，月度、季度、年度财务报告，包括会计报表、附表、附注及文字说明，其他财务报告。

(4)其他类，银行存款余额调节表、银行对账单、会计档案移交清册、会计档案保管清册、会计档案销毁清册和其他应当保存的会计核算专业资料。

实行会计电算化的单位，存储在磁性介质上的会计数据、程序文件及其他会计核算资料均应视同会计档案一并管理。

预算、计划、制度等文件材料属于文书档案，不属于会计档案。

第二节　会计档案的归档、保管和查阅

一、会计档案的归档

各单位每年形成的会计档案，应当由会计机构按照归档要求，负责整理立卷，装订成册，编制会计档案保管清册。需要整理归档的会计资料有：

(一)会计凭证的整理归档

会计凭证一般按月整理，并装订成册。月末，首先将所有需要归档的会计凭证收集齐全，并根据记账凭证的种类进行分类，如采用专用凭证，可按收、付、转分为

三类，每一类按顺序号整理排列。每类记账凭证按适当厚度分成若干册，每册厚度应尽可能保持一致。如果单位采用汇总记账凭证或科目汇总表账务处理程序，在凭证分册时应考虑记账凭证的汇总范围，将汇总记账凭证或科目汇总表附在各册记账凭证之前。最后给每一册凭证加具封面，封面上要注明单位及凭证名称、日期、起止号码、本月共几册、本册为第几册等内容，然后由会计主管人员和装订人员签章，再加盖公章。如果原始凭证过多，比如收料单、领料单和路桥费用票据等，可以单独装订成册保管，在封面上注明记账凭证日期、编号、种类，同时在记账凭证摘要栏注明“附件另订”和原始凭证名称及编号。

(二)会计账簿的整理归档

年度终了，各种账簿在结转下年、建立新账之后，要统一整理归档。对活页式账簿，首先要将其中的空白账页取出，再对各分类账户按“第×页”顺序排列。然后对整本活页账簿中的账页不分账户只按其在账簿中的排列顺序编号，填入各账页上端“总 页”处。编码完毕后，将账页总数填入账簿扉页“账簿启用表”，并填写账簿目录表。

(三)会计报告的整理归档

会计报表一般在年度终了后，由专人统一收集、整理、装订并归档。整理时，将全年的会计报表，按时间顺序排列并装订成册，加具封面，并在封面中注明报表的名称、页数、归档日期等，经财务负责人审核、盖章后归档。

二、会计档案的保管

(一)当年形成会计档案的保管

各单位当年形成的会计档案，在会计年度终了后，可暂由会计机构保管一年，期满之后，应当由会计机构编制移交清册，移交本单位档案机构按规定的期限统一保管。如果单位未设立档案机构，应当在会计机构内部指定专人保管，但出纳员不得兼管会计档案。

专职保管会计档案的要员离岗、离职应当移交会计档案，办理交接手续。

(二)会计档案移交档案机构后的保管

会计档案由会计机构移交给档案机构保管后，原则上应当保持原卷册的封装。个别需要拆封重新整理的，档案机构应当会同会计机构和经办人员共同拆封整理，以分清责任。

会计档案的保管期限分为永久和定期两类。定期保管期限分为3年、5年、10年、15年、25年五类，各类会计档案的具体保管期限如表9-1所示。会计档案的保管期限从会计年度终了后的第一天算起。

表 9-1　　企业和其他经济组织会计档案保管期限表

序号	档案名称	保管期限	备　注
一	会计凭证类		
1	原始凭证	15 年	
2	记账凭证	15 年	
3	汇总凭证	15 年	
二	会计账簿类		
4	总账	15 年	包括日记总账
5	明细账	15 年	
6	日记账	15 年	现金和银行存款日记账保管 25 年
7	固定资产卡片		固定资产报废清理后保管 5 年
8	辅助账簿	15 年	
三	财务报告类		包括各级主管部门汇总财务报告
9	月、季财务报告	3 年	包括文字分析
10	年度财务报告(决算)	永久	包括文字分析
四	其他类		
11	会计移交清册	15 年	
12	会计档案保管清册	永久	
13	会计档案销毁清册	永久	
14	银行余额调节表	5 年	
15	银行对账单	5 年	

三、会计档案的查阅

(1)会计档案为本单位提供利用,原则上不得借出。有特殊需要须经上级主管单位或单位领导、会计主管人员批准,可以提供查阅或者复制,并办理登记手续。

(2)外单位人员因公需要查阅会计档案时,应持有单位正式介绍信,经会计主管人员或单位领导人批准后,方可办理借阅手续。

(3)单位内部人员借阅会计档案时,应经会计主管人员或单位领导人批准后,办理借阅手续,借阅人应认真填写档案借阅登记簿,将借阅人姓名、单位、日期、数量、内容、归期等情况登记清楚。

(4)查阅或者复制会计档案的人员,严禁在会计档案中乱画、标记,拆散原卷册,也不得涂改抽换、携带外出或复制原件(如有特殊情况,须经领导批准后方能携带外出或复制原件)。

(5)借出的会计档案,会计档案管理人员要按期如数收回,并办理注销借阅手续。

(6)各单位应当建立健全会计档案查阅、复制登记制度、严格查阅、复制和收回手续,保证会计档案的安全完整。

第三节 会计档案的销毁

会计档案按规定保管期满后,一般可以按照以下程序销毁:

(1)由本单位档案机构会同会计机构提出销毁意见,编制会计档案销毁清册,列明销毁会计档案的名称、卷号、册数、起止年度和档案编号、保管期限、已保管期限、销毁时间等内容。

(2)单位负责人在会计档案销毁清册上签署意见。

(3)销毁会计档案时,应当由单位档案机构和会计机构共同派员监销。监销人员在销毁会计档案前,要按照会计档案销毁清册所列内容,清点核对所要销毁的会计档案。

(4)报告监销情况。会计档案销毁后,监销人员应当在会计档案销毁清册上签名盖章,并将监销情况报告本单位负责人。

(5)采用电子计算机进行会计核算的单位,应当保存打印出的纸介档案。具备采用磁带、磁盘、光盘、微缩胶片等磁性介质保存会计档案条件的,由国务院业务主管部门统一规定,并报财政部、国家档案局备案。

应当注意的是,保管期满但未结清的债权债务原始凭证和涉及其他未了事项的原始凭证不得销毁,应当单独抽出立卷,由档案部门保管到未了事项完结为止。单独抽出立卷的会计档案,应当在会计档案销毁清册和会计档案保管清册中列明。正在项目建设期间的建设单位,其保管期满的会计档案不得销毁。

会计档案的销毁是一项严肃的工作,各单位必须严格按照《会计法》和《会计档案管理办法的管理》的规定进行。故意销毁依法应当保存的会计凭证、会计账簿、财务会计报告的行为以及授意、指使、强令会计机构、会计人员及其他人员故意销毁依法应当保存的会计凭证、会计账簿、财务会计报告的行为,都是违法行为,如果构成犯罪的,要依法追究刑事责任;尚不构成犯罪的,也要承担行政责任,违法单位和责任人员会受到相应的经济处罚和行政处分。

复习思考题

一、单项选择题

1. 在《会计档案管理办法》中规定采用电子计算机进行会计核算的单位，应当保存(　　)。

A. 光盘介质会计档案　　B. 微缩胶片介质会计档案

C. 打印出的纸质会计档案　　D. 书面会计档案

2. 具备采用磁带、磁盘、光盘、微缩胶片等磁性介质保存会计档案条件的，由国务院业务主管部门统一规定，并报(　　)备案。

A. 本单位　　B. 本单位财会部门

C. 财务部、国家档案局　　D. 当地主管部门

3. 会计档案是指会计凭证、会计账簿和财务报表等会计核算专业资料。下列不属于会计档案的是(　　)。

A. 银行存款余额调节表　　B. 固定资产卡片

C. 会计移交清册　　D. 月度财务收支计划

4. 当年形成的会计档案，在会计年度终了可由本单位财务会计部门保管(　　)。期满后，原则上应由财务会计部门编造清册，移交本单位的档案部门保管。

A. 1 年　　B. 2 年　　C. 3 年　　D. 5 年

5. 按照《会计档案管理办法》的规定，原始凭证的保管期限是(　　)。

A. 3 年　　B. 5 年　　C. 15 年　　D. 永久

6. 计算会计档案保管期限的开始时间是(　　)。

A. 每一月份的第一天　　B. 每一季度的第一天

C. 每半年度的第一天　　D. 每一会计年度终了后的第一天

7. 企业年度财务报表的保管期限是(　　)。

A. 3 年　　B. 5 年　　C. 15 年　　D. 永久

8. 根据《会计档案管理办法》的规定，会计档案的保管期限分为永久和定期两类。关于会计档案定期保管期限的下列表述中，符合规定的是(　　)。

A. 保管期限分为 3 年、5 年、10 年三种

B. 保管期限分为 5 年、10 年、15 年三种

C. 保管期限分为 3 年、5 年、10 年、15 年四种

D. 保管期限分为 3 年、5 年、10 年、15 年、25 年五种

9. 下列说法正确的是(　　)。

A. 会计档案销毁清册需要保管 15 年

B. 银行存款余额调节表需要保管5年

C. 固定资产卡片账应保管15年

D. 现金日记账需要保管15年

10. 销毁会计档案时，应当由（　　）共同派员监销。

A. 双方会计人员　　B. 档案机构和会计机构

C. 第三方监管人　　D. 双方经办人和监交人

11. 在会计档案销毁前，（　　）要清点核对所要销毁的会计档案。

A. 监销人　　B. 会计人员

C. 本单位财会负责人　　D. 财会信息使用人

12. 按照会计法律制度的规定，会计档案保管期满需要销毁时，应当由（　　）在会计档案销毁清册上签署意见。

A. 总会计师　　B. 会计机构负责人

C. 主管会计人员　　D. 单位负责人

二、多项选择题

1. 我国的会计档案分为（　　）。

A. 会计凭证类　　B. 会计账簿类

C. 财务会计报告类　　D. 其他会计资料类

2. 关于会计档案保管要求，下列说法正确的有（　　）。

A. 应设置归档登记簿、档案借阅登记簿等，以防毁坏损失、散失等现象发生

B. 会计档案保管期满就可以直接销毁

C. 对已归档凭证的查阅、调用或复制，均应得到批准和履行一定手续

D. 会计档案管理期间，任何人不得随意销毁会计档案

3. 下列各项会计档案，保管期限为15年的有（　　）。

A. 原始凭证　　B. 汇总凭证

C. 记账凭证　　D. 银行存款日记账

4. 关于会计档案借阅管理，下列说法正确的有（　　）。

A. 会计档案原则上不得借出

B. 单位内部人员借阅会计档案时，应经会计主管人员或单位领导人批准后，办理借阅手续，借阅人应认真填写档案借阅登记簿

C. 借出的会计档案，会计档案管理人员要按期如数收回，并办理注销借阅手续

D. 外单位人员因公需要查阅会计档案时，应持有单位正式介绍信，经会计主管人员或单位领导人批准后，方可办理借阅手续

5. 下列有关会计档案销毁的表述中，正确的有（　　）。

A. 会计档案销毁时应由单位档案机构提出销毁意见

B. 会计档案销毁时应当编制会计档案销毁清册

C. 会计档案销毁时单位负责人应当在会计档案销毁清册上签署意见

D. 会计档案销毁时应由档案机构和会计机构共同派员监销

6. 按照《中华人民共和国会计法》的规定，保管期满仍不得销毁的会计档案有（　　）。

A. 未了结的债权债务的原始凭证

B. 月度财务会计报告

C. 季度财务会计报告

D. 建设单位在建项目建设期间的会计档案

7. 在会计档案销毁后，下列各项中，（　　）可不用在会计档案清册上签名或盖章。

A. 监销人　　　　B. 会计人员

C. 本单位会计负责人　　　　D. 会计信息使用人

三、判断题

1. 各单位每年形成的会计档案，应当由会计机构负责整理立卷，装订成册，并编制会计档案保管清册。（　）

2. 为了加强会计档案的管理，企业当年形成的会计档案也必须有专门的档案管理机构，而不能会计机构暂行管理。（　　）

3. 对于采用电子计算机进行会计核算后，会计资料的存储和传递不同于手工会计环境，因此，计算机环境下的会计档案管理办法不能完全照搬手工会计档案管理。（　　）

4. 未设立档案机构的单位，应当在会计机构内部指定专人保管会计档案，但出纳人员不得兼管会计档案。（　）

5. 有特殊需要时，可以提供会计档案查阅或者复制，但应办理登记手续。（　　）

6. 甲公司因特殊情况需要借用乙公司原始凭证，经乙公司会计机构负责人批准，可以将原始凭证借给甲公司。（　　）

参考文献

[1] 银样军.基础会计.长沙:中南大学出版社,2008
[2] 陈国辉.基础会计.北京:清华大学出版,2009
[3] 吉文丽,陆红霞.会计基础实训.北京:清华大学出版社,2010
[4] 赵宝芳.新编基础会计.北京:中国农业出版社,2005
[5] 赵宝芳.新编基础会计技能训练.北京:中国农业出版社,2005
[6] 陈兴滨.会计原理.北京:高等教育出版社,2004
[7] 葛军,李文杰.会计学原理实训.北京:高等教育出版社,2004
[8] 郭惠云.基础会计.吉林:东北财经大学出版社,2001
[9] 王敏.基础会计习题与解答.吉林:东北财经大学出版社,2001
[10] 贾永海.会计原理.北京:高等教育出版社,2000
[11] 财政部会计资格评价中心.初级会计实务.北京:中国财政经济出版社,2007
[12] 张志凤.初级会计实务.北京:北京大学出版社,2011
[13] 朱萍,刘红霞.收入、利润核算技能与案例.北京:中国财政经济出版社,2003
[14] 财政部会计准则委员会.企业会计准则体系2006.http://www.casc.gov.cn/kjfg/200607/t20060703_337130.htm(电子文献)
[15] 上海证券报.谁来为东方电子(000682)"埋单".2002-04-30.泰阳证券网.http://www.sunsc.com.cn/stock/tips/000682/(电子文献)
[16] 中国证券报.东方电子一个绩优神话的来龙去脉.2002-12-04.泰阳证券网 http://www.sunsc.com.cn/stock/research/000682/(电子文献)
[17] 中国注册会计师协会.会计.北京:中国财政经济出版社,2007